信じる力

信じる力

はじめに

人は、迷いがあると推進力が失われます。

前に進めないと、経験が増えません。経験こそが人生を豊かにしてくれるので、一歩でも二歩でも、前に進むことが大切です。

迷いがあっても、何かを信じる力があれば、前に進むことができます。

もし進んだ先が行き止まりだったとしても、一旦引き返して、また別の道を進めばいいのです。

どんなに迷っていても、一歩踏み出せば違う景色が見えてきます。

この一歩に大きな意味があると信じて、足を前に出す。

これが、信じる力であり、生きる力だと思うのです。

新しい一歩を踏み出すときは、誰しも不安です。

不安があっても踏み出せる人は、自分を信じる力があるのだと思います。
信じる力が勇気になる。
そう思って、この本のタイトルを『信じる力』としました。

「信じる力」とはどういうものなのか。
自分の中に眠っている「信じる力」を呼び覚ますには、どうしたらいいのか。
そもそも、どのように「信じる力」を育むのか。
信じる対象は何なのか。
どうしたら自分を信じることができるのか——。

「信じる力」を広い視野でとらえ、古今東西の偉人のありようをヒントにしたり、身近な例を挙げてみたり、多角的に考えてみました。
「信じる力」は、特別な人にだけ与えられる特別な才能ではありません。

もし、自分にはそんな力はないと思っている人がいたら、ぜひこの本を読んでみてください。

本当は皆さんの中にもあるのですが、それを認識するチャンスがなかっただけなのですから。

この本を読み終わったときに、「自分の中にも『信じる力』があった」と気づいていただけたらうれしいです。

目次

第二章　自己肯定感を養い高めていく

第三章　文化を土台に自己を形成する

第四章　世を照らす松明を次世代に託す

第一章　心と体のよりどころを持つ

「祈る」と「願う」の違い

「祈る」ということは、もともと習慣のない人にとって、普段の生活の中では馴染みにくいことかもしれません。

一方、「願う」ことは皆さんもあるでしょう。神さまに何かをお願いするというのは、どなたも経験があるのではないでしょうか。

「信じる力」というテーマで考えたときに、より強さを感じるのはやはり「祈る」ことです。

「祈る」と「願う」の合わさった形ですと、「祈願」があります。「合格祈願」なんて言いますよね。

何年間も勉強してきて、今日の試験にかかっているというときは、「祈り、願う」となるのでしょうけれど、この場合はどちらかというと「祈る」方が強いかもしれません。

また、神さまに祈願するための「お百度参り」というのがありますが、これも「祈る」方が強いでしょう。

わたしの知人にアナウンサーのかたがいて、そのかたの娘さんがアナウンサーになりたいという夢を持っていました。娘さんが就職活動をしている間、願かけとして、大好きなお酒を断つことに決めました。

あえて好きなものを断つことで、強く願い、無事に娘さんはアナウンサーに合格しました。このかたの**願いの強さを考えると、限りなく祈りに近い**のかもしれません。

「祈る」と「願う」の違いを考えるにあたっては、その「対象」の違いもあると思います。

「願う」場合は、願いをかける対象はあまり限定されません。

「星に願いを」ということばもあるように、星でも空でも山でも、大きな存在が対象であればいいのでしょう。

一方「祈る」場合は、宗教的な意味合いも含まれますので、自分にとっての神に祈るという形になります。

ですから、普段「願う」ことはしているけれど、日常的に「祈る」ことはしていないというかたは、特定の神を想定していないからだと思います。

神に祈るというのは、神を心のよりどころにして、そこに自分のエネルギーを託すということ。

追い込まれてしまったり、どうにも方法が見つからなかったりするときに、**救いを求め、助けを借りるような気持ちで祈ること**です。

その感覚は、誰しも共有できるのではないでしょうか。

例えば、高校野球の甲子園のスタンド席では、「あと一球！」と手を組んで祈るような姿がよく見られます。

甲子園の神さまなのか、野球の神さまなのか、あるいは勝負の神さまなのか……、その神さまに向けて強く祈っているのだと思います。

ここまで十分に努力をし、できることはすべてした。あとは助けてください、とおすがりする気持ち。

自力ではどうにもできないところに行き着いて助けを求める気持ちがあるかどうかが、祈りと願いの違いのような気がします。

「悪魔の声」を黙らせる

『薔薇の祈り　ルワンダ虐殺、ロザリオの祈りに救われて』（イマキュレー・イリバギザ、スティーヴ・アーウィン　原田葉子訳　女子パウロ会）という本があります。

これは、１９９４年にアフリカのルワンダで起きた大量虐殺事件を生き抜いたイマキュレー・イリバギザさんと、ジャーナリストのスティーヴ・アーウィンさんが書かれた本です。ルワンダの虐殺とは、１００日にも満たない間に、ルワンダの多数派のフツ族が、少数派のツチ族を１００万人近く殺害したとされる事件です。男性も女性も、大人も子どもも無差別に、容赦なく切りつけられました。

以前わたしは、イマキュレー・イリバギザさんの『生かされて。』という著書を読んで大変感銘を受け、講演を聞きに行ったことがあります。この『薔薇の祈り』にも、イリバギザさんの壮絶な体験が書かれています。

ルワンダの虐殺は「ホテル・ルワンダ」という映画にもなっています。ツチ族の人たちをかくまったのが「ホテル・ルワンダ」だったのです。

1994年当時、日本でもニュースになっていて、あまりにも命を落とした人の数が多いことに驚いたのですが、あまりのむごさに現実のこととは思えないくらい衝撃を受けたことを覚えています。

イリバギザさんのご家族は相当数が殺されてしまったのですが、イリバギザさんはなんとか生きのびました。そのときのことをこう書いています。

> わたしが生き残れたのは、地域の牧師が、他の七人のツチ女性とともに、三か月にわたって、狭いトイレにかくまってくれたからです。牧師のおかげで、殺されないですみましたが、わたしの命と魂を救ったのは、ロザリオの祈りでした。

この本は、潜んでいた3カ月の間に、ロザリオの祈りにどう命を救われたかを分かち合いたいという思いで書かれています。

イリバギザさんは、ずっとトイレの中に潜んでいました。いつ殺されるかわからない状況ですと、精神的にはとても不安定になると思うのですが、**イリバギザさんはロザリオの祈りのおかげで、むしろ安定した気持ちになった**と言います。

殺人者たちが家の中を捜索している間に聞こえた悪魔の声は、神に助けを求めているときにだけ消え、恐怖心はすぐに戻り、苦い液が口まで込み上げ、全身で震えていました。

案の定、日が暮れ、遠くの暗闇から悲鳴が聞こえてくると、悪魔が再びわたしにささやき始めました。擦り寄ってくる声を黙らせられたのは神だけでしたので、夜中じゅう休むことなく祈り続けようと、心に誓いました。

自分の中に否定的な声が入ってこないように、「悪魔の声」を黙らせなければならない。

ですが、それはとても難しい。

自分で自分の心をコントロールするのは難しいので、イリバギザさんは神に祈るのです。

祈っている間は、恐怖の声が聞こえなくなります。

おそらく、こんなイメージでしょう。

心の中に部屋があって、その部屋の中に神さまがいる間、つまり祈っている間は「悪魔の声」は聞こえなくなる。

でも、祈りを終えて、神さまが心の部屋の中からいなくなってしまうと、「悪魔の声」が侵入してきてしまう。

自分の内側がポジティブなもので埋め尽くされているとき、肯定的なもので満たされているときは、悪いものが入ってこないんですね。

ですが、内側が空虚になってしまうと、隙間から悪いものが忍び込んで来る。

これは、わたしたちの日常にもあると思います。**例えば、仕事や趣味で充実しているときは、ネガティブな声に惑わされません。**

ですが、何かのきっかけで失敗したりうまくいかなくなったりすると、とたんにネガティブなもので満たされてしまう。

イリバギザさんは、実際に殺人者たちの「悪魔の声」や遠くの悲鳴を聞いているわけですから、わたしたちの日常とは比べものになりませんが、わたしたちも苦境に陥ったときは「悪魔のささやき」が聞こえることがあります。

リストラにあって仕事を失ってしまったとか、家族が病気になってしまったとか、自分ではどうにもできない苦境にあうことはあります。

「もう無理じゃないか」「できることは何もない」など、ネガティブな思いがどんどん自分の心を侵食してくるときにも、内側から満たされる何かがあれば、ネガティブな思いを追い出すことができるでしょう。

心の部屋を、幸せな何かで満たすことができれば、ネガティブな要素は入ってくることができません。
そういう習慣を持っておくというのは、とても大事なことだと思います。

握り締めることで力が生まれる

では、内側から満たされるために何をすればよいか。
イリバギザさんは、ロザリオの祈りの方法をこう記しています。

親指と人差し指でロザリオの十字架をぎゅっと、金属が熱く感じられるほど握り締めながら、祈り始めました。十字架のしるしをして、心の中で導入の祈りを唱えました。これまで何千回も唱えてきましたが、おそらくこのとき初めて、一つ一つの言葉の意味を完全に理解しました。
「父と子と聖霊のみ名によって。アーメン。」

悪魔の声は、この短い完璧な祈りによって、一瞬にして払いのけられました。宇宙で最強の力――すなわち、すべての創造物の父、善を具現化された子、わたしたちの内で働く神の愛の力である聖霊――を味方につけ、これから何かを始めるという宣言です。

儀式として一連の形になっているものが、イリバギザさんの習慣として体に沁み込んではいましたが、命の危険にさらされているこのときに初めて一つ一つのことばとイリバギザさん自身が一体化したような気持ちになったのでしょう。

十字架を握り締める動作と、「導入の祈り」のことば。これがイリバギザさんに力を与えてくれたのです。

その力によって、「悪魔の声」が静まったのです。

やはり、祈るときには、身体的な作法とことばがセットになった儀式が大事なのだと思いました。

わたしたちも、願ったり祈ったりするときには、自然と手を組み合わせます。手を組み合わせる効果はいくつかあると思いますが、一つには、体と心を落ち着かせるという意味があるように思います。

不安なときは、手がそわそわしてしまうものです。そわそわすることで、より不安になってしまう。

手の動きを落ち着かせるために、手をしっかりと組んで、強固な岩のように固くすることが大事なのです。

整体操法を確立した野口晴哉《はるちか》さんという整体の先生が、「合掌行気法《がっしょうぎょうきほう》」を指導していたのですが、これは手のひらをあわせて、合掌した両手のところで呼吸をするというもの。心が落ち着いて、気力が湧いてきます。

合掌した手に、自分の意思がぎゅっと凝縮されているようなイメージを持つといいかもしれません。息を吹き込むことによって、その凝縮した意思が両手のひらの間であたたかく育っていく感じがします。

座禅も、同じような意味合いですね。足を落ち着かせるために、しっかり組むと、体が一つの岩のようになって盤石の構えができるのです。

イリバギザさんのロザリオの祈りは、**「金属が熱く感じられるほど握り締め」るところに強さがあり、そこに祈りを込めるんですね。**

握り締める十字架があることで、祈りや思いを込めやすいのかもしれません。

神社でお守りを買うことがあるでしょう。試験の本番や試合の当日、または緊張する場面でお守りをぎゅっと握り締めるのも、気持ちを落ち着かせて思いを集中させるためなのですね。

否定的なことばを追い出す

不安なときに手や足がそわそわしてしまうのは、手や足を組むことによって収まります。もう一つ、不安なときに落ち着かせたいのが、頭の中で渦巻くことばです。

「自分なんて」「もうダメかもしれない」「あの人が悪口を言っているかもしれない」など、**否定的なことばが流れるのを止められないときにどうするか。**

方法は二つあります。

一つは、無心になるという禅のやり方です。

頭の中のことばをなくして、心をまっさらにするということなのですが、じつは簡単なことではありません。

人間は、常に頭の中にことばが生まれてしまうので、それを流れるままに流し切って気にならなくなる、というところに持っていくまでが難しいんですね。

そこで有用なのが、頭の中のことば以外に注意を向けること。

端的に言えば、声に出してことばを言うことです。

そんなことで？　と思うかもしれませんが、声に出してことばを言っているときに、頭の中で別のことを考えるのはとても難しいのです。

試しにやってみてください。きっと、どちらか片方に意識が向くはずです。


おすすめしたいのは、例えば音読です。 目の前の文章を声に出して読んでいるときに、他のことばが思い浮かぶことはまずありません。

子どもたちと音読の授業をすることがあるのですが、音読しているときは一生懸命集中しているので、子どもたちも気が散ることはありません。

声に出してことばを言っているときには、他のことばが出て行ってしまうのです。

つまり、頭の中の否定的なことばを追い出すには、まったく別のことを声に出して言い続ければいいのです。

イリバギザさんは、「不安をなだめ、悪魔の声を黙らせる唯一の方法が、お祈りでした」と書いています。

誠実に祈っているときには、指は軽やかに数珠を繰り、さまざまな想いは、石のような塊となって、冷たい透明な冷却水の中に投げ入れられたかのようでした。狭い空間に押し込まれた女性たちの下敷きになって、硬いタイルの床に押し付けられていましたが、心はもはや牧師の家にも、ルワンダにもありませんでした。聖なる地で、主イエスと聖母マリアとともにありました。

それは決して「幻覚を見たり、錯乱した精神状態」だったわけではなく、現実をしっかり受け止めたうえで、心の中は平和だったと言います。

ある人々の目には、奇異に映るかもしれませんが、わたしはそう思いません。当時も、そして今も。わたしがむしろ時折、信じ難く感じるのは、世界が経験したこともないようなもっとも悲惨な殺戮《さつりく》の場のさなかにいて、何度もほとんど幸せと呼べるような祈りの状態に到達できたことです。

外側の世界は、もっとも悲惨で過酷な状況だけれど、自分は「幸せ」な状態でいられるというのは最強です。

人類史上稀に見る悲惨さの中にあっても、自分で心の平安を作れるというのが、祈りの強さだと思います。

そう考えると、やはり「願う」より「祈る」の方がずっと強いですね。

イリバギザさんの文章を読んでいると、祈りによって心の平安が得られたというのがすっと信じられます。そういう率直な文章です。

現実感覚がなくて、どこか浮遊しているような精神状態でいるわけではなく、客観的な状況認識もできている。しかし、恐怖心を持たずに安全な心でいられる。

そんな心の持ちようが可能になるならば、祈りの力を身に付けたいと思いますよね。

知覚を意識する

イリバギザさんの祈りの中に、**「ロザリオの十字架をぎゅっと、金属が熱く感じられるほど握り締めながら」**という描写がありました。

不安なとき、何かを触っていると落ち着くというのは、日常生活でもあると思います。

仏教では、念仏を唱えるときに数珠の珠を数えるという方法があります。回数を間違えないように珠の数を数えることによって、念仏に集中でき、雑念が入ってこなくなるのでしょう。ロザリオと同様に、手で触ることにも意義があるような気がします。

禅の「数息観《すそくかん》」は、呼吸を数えることで集中し、気持ちを落ち着かせるもの。呼吸を数えていると、他のことで気を散らさずにいられるのです。

呼吸に意識を向ける方法としては、『東洋の瞑想とキリスト者の祈り』（アントニー・デ・メロ　裏辻洋二訳　女子パウロ会）に詳しく書いてあります。

「まず、はじめの五分間、体のあちこちの部分の知覚を意識」するという準備段階を経て、「呼吸は不自然にコントロールせず、無理に深く呼吸しようとせず、自然のままにしてください」という注意があったあとで、具体的な方法に入っていきます。

鼻孔をとおり抜ける空気を感じてください。その感触を意識します。空気を吸うとき、鼻孔のどの部分にその感触を覚えるか見きわめてください……。吐き出すときも同様に鼻孔のどの部分にその感触を覚えるかを見きわめます……。

できれば空気の暖かさ、ひややかさを感じてください……。吸い込むときにはその冷たさを、吐くときにはその暖かさを意識します……。

片方の鼻孔をとおり抜ける空気の量は、もう一方の鼻孔をとおる量より多いことに気づいてください……。

吸うとき、吐くときに鼻孔に触れるどんな些細な感触をも感じとり、逃さないようにします。

十分から十五分間、この知覚に留まります。

息を吸う・吐くというのは誰もが日々行っていることで、人間のもっとも基本的な行動なので、日常的に注意深く行うことはまずないと思います。

ですので、鼻に空気が通る感覚や通り抜ける空気の温度などを、きちんと知覚しましょうという練習です。

ちなみに、ヨガには片方ずつ鼻を押さえながら呼吸する「片鼻呼吸法」があり、これもまた鼻を通る空気を感じるための呼吸法です。

『東洋の瞑想とキリスト者の祈り』では、**これは呼吸のエクササイズではなく、「知覚」のエクササイズ**だと言っています。

呼吸をする感覚を意識化する訓練なので、無理に深い呼吸をする必要はありません。浅い呼吸でもかまいません。

今、自分はどんな呼吸をしているかを感じ取り、そのままそこにとどまることが重要なのです。

知覚を意識することが、自分自身を見つめる「観想」、そして「瞑想」に近づいていくということなんですね。

これは一般的に、東洋的なエクササイズと言われているものです。

インドのヨガの起源には諸説ありますが、おおよそ今から4500年前とされています。今から約2500年前のブッダがヨガの修行をしていたので、妥当な説だと思われます。

ヨガは主に体を使って行う瞑想法で、「アーサナ」というポーズを維持して体の状態を感じ取りながら、呼吸をします。

この技法はインドで誕生して発達し、やがて仏教に流れ込んで、座禅という修行につながっていきます。

東洋の瞑想法は、体を入口にして知覚を意識化するプロセスを取っています。

立つ姿勢で行う瞑想もあります。ただ立っているだけでなく、立ちながら自分の重心が体の中のどこにあるか、右に比重がかかっているのか、あるいは左なのかを感じ取ります。それを続けていくと、だんだんと自分の体の軸がわかってきます。そうすると、瞑想がおもしろくなってくるんですね。

座って行う瞑想は「座禅」、立って行うのが「立禅」、歩きながら瞑想するのは「歩行禅」と言います。いろいろな体の状態で瞑想はできるのです。

「知覚」は「心」とは別のように思われますが、体のある部分を意識すると心がそこに向くので、知覚を通して心を集中させる（他のことに惑わされずにいる）ことができます。

もし気持ちがあせって落ち着かないときは、自分の手首を持って脈をはかってみてもいいでしょう。

脈を意識して数えることで、すっと気持ちが落ち着くことがあります。これも一つの瞑想法と言えるかもしれません。

常に一定の状態でいる

体のコントロールも技術であると考えると、**体のエクササイズは、体の状態を感じることで意識をとどまらせ、その意識の力を強くしていくこと**なのではないでしょうか。

意識できないと、心が体に飲み込まれてしまいます。つまり、体の状態次第で心が左右されてしまうのです。

宝塚のトップスターから、体と心の取り扱い方について話を聞いたことがあります。

宝塚の舞台では激しく踊り、そこから瞬時に歌に入りますが、まったく呼吸を乱すことなく歌っています。

「あれだけ激しく踊った直後によく歌えますね」と言ったら、「踊りが終わったあとに『ふっ』と息を吐いて、一気に脈拍を落とすんです」と言っていました。

その答えには、とても驚きました。

一流のプロは、自分で体のコントロールができるのです。それを意思の力で行うということを知り、刺激を受けました。

じつは、体と気分は、けっこうセットになっていることが多いんですね。

ですが、プロは、体の調子が悪いからといって気分まで落ち込んでしまってはいけません。

人前に立ってパフォーマンスをする人たちは、それでは仕事にならないのです。

わたしが学生のときに教えを乞うた先生は、年間を通して同じテンションで講義をして、同じ服装をしていました。

スティーブ・ジョブズがいつも黒いタートルネックのセーターを着ていたのと同じように、同じ服を何枚も持っておられたのだと思います。

1年間の講義の最終日に、

「わたしがいつも同じでいるのは、プロだからです。プロであることを意識しているから、君たちの前に立つときは、常に一定の状態でいるのです」

とおっしゃいました。

学生に教える立場として、気分次第、体調次第で講義の質が変わるのは良くない。ご自身の個人的な要因が学生に影響しないようにと、律していらしたのです。

もちろん、喜怒哀楽がある先生も魅力的だと思います。

ですが、わたしはその先生のプロ意識に感銘を受けました。

プライベートでは誰しもいろいろなことがありますが、**その場に立ったら確実な仕事をするというプロ意識。**

これも心の訓練の賜物。心の技術と言えるでしょう。

体全体が有機的につながる感覚

日常的には、心がざわわしたりあわてふためいたりして、心がネガティブな方向に傾くことがありますが、瞑想しているときにはそれがなくなります。

わたしが中学生のときに武道の指導をしてくださった佐藤先生は、毎朝「黙想」の時間を取ってくれていました。
授業前に、皆で黙って目をつぶり、心を整えてから一日を始めることができました。
この黙想の方法は、東洋の祈りの伝統になっていると思われます。
先ほど挙げた『東洋の瞑想とキリスト者の祈り』の中では、「祈りには、情的祈りと直観的祈りの二つのタイプがある」として、次のように言います。

直観的祈りは、大まかに言ってしまえば、私が観想と呼んでいるものと同じである、とみていただいてよい。

そして、「**息をとおして神と交流する**」**方法**を、こう説明しています。

呼吸している空気に、神が現存しておられる事実を内省します……。息を吸い、息を吐くたびに、その空気に神が現存しておられると意識します。

そのとき心に感じるところを見きわめてください……。

さて、神に向かって自分を表現してみましょう。言葉を使わずにやってみてください。ちょっとした表情やしぐさで胸のうちを表した場合に、それが言葉を用いたときよりずっと力強い表現となることがあるのは、しばしば私たちの体験するところです。

「神に向かって自分を表現」するというのがおもしろい視点ですね。

では、どのように表現するか。**それは、「呼吸」によって表現する**のです。

まず、神への深いあこがれの念を表してみましょう。言葉はいっさい用いず、心のうちで語りかけたりせず、ただ呼吸だけをもって、「神よ、あなたを慕います」と表現します。深く息を吸う、深く息を吸いこむことによってこれを表現するのも一つの手です……。

次に、信頼の態度、委託の念を表現しましょう。言葉を使わず、呼吸をもって、「神よ、私のすべてを委ねます」と表現してください。思慕の念を表現する場合とは逆に、吐き出す息を強調してこれを表現してみるのもよいでしょう。息を吐き出すたびに、あなたのいっさいを神の手に委ねていると感じてください……。

さらに愛・近しさ・親しさ・礼拝・感謝・賛美などの態度を、呼吸だけをもって神の前に表現してみましょう……。

疲れを覚えるようなら、エクササイズのはじめに帰って、あなたの周囲に現存する神、吸いこむ空気・吐き出す空気に現存する神を心穏やかに意識し、しばしそれに留まります。

空気の中に神の存在を意識するというのも、非常に興味深いです。神羅万象に神が宿っているというアニミズムに近い感覚だと思いますが、この感覚が持てると、気持ちが落ち着いて自分を表現できるということなんですね。

さて、体が一つの全体であることを意識してください。全身が無数の感覚のさまざまなタイプからなる一つのかたまりであるのを感じてください……。しばらくそのようにしてから、次に頭から足へと動いて、各部分の知覚を意識するエクササイズにもどります……それからまたもう一度、体が一つの全体であるという意識に留まります……。

体が一つのかたまりであり、その体が神とつながっているという考え方です。わたしはそれを「**全一感**」**ということばで表現したことがありますが、自分の全体がしっかりと一つにつながっている**というイメージです。

心も体も調子よく動いているときは、体全体が有機的につながっている感覚が持てるものなのです。

大げさに言えば、**宇宙と一体化している**ような気分の良さが味わえます。

宇宙のように、自分よりはるかに大きいものとつながっている感覚は、神を感じるのと近いかもしれません。

この本では、「痛み」についても触れています。ある修行で、1時間足を組んで座っているように言われたのだけれど、ひざや背中に強烈な痛みを感じ、汗が吹き出しそうになったと言います。

そのとき、ふと私は、痛みと闘うまい、これから逃げようとはすまい、これを和らげようとはすまい、ただ痛みを意識し、痛みに融和しよう、と決めた。そして痛みという知覚をその構成要素に分解した。そして驚いたことに、**痛みは数多くの知覚から成っている事実を発見したのである。**すなわち、強い燃え焦がすような知覚、引きこむような知覚、繰り返し襲ってくる鋭い射るような知覚、などであった。

痛みという知覚を意識化することで、「生まれて以来、はじめて、苦しまずに痛みを体験した」と述べています。

この体験は、体の知覚を通して、痛みの状態から抜け出たということ。痛みはあるけれど、その痛みを冷静に見ている自分を作り出すようなイメージです。自分を客観視する自己。これを**メタ自己**と言います。

メタ自己が主体になると、「痛み」と「痛みを感じているわたし」は対象物になります。そうすると、**痛みはあるけれど、痛みに意識を向けなくなるのです。**これが瞑想の良さだと思います。

メタ自己を作り出すことができれば、体の辛い感覚から離れることができるので、痛みから抜け出ることも可能になるのです。

自分の体に感謝する

『東洋の瞑想とキリスト者の祈り』の著者アントニー・デ・メロは、体に意識を向けるエクササイズについて、ちょっとユニークな視点を提案しています。
『心の泉　瞑想への招き』（アントニー・デ・メロ　古橋昌尚、川村信三訳　女子パウロ会）という本の中に、こうあります。

静かに自分の身体《からだ》に注意を向け、
身体《からだ》じゅうの感覚を意識してみる……
快い感覚と不快な感覚とを意識する……

臨終のとき、
自分の身体《からだ》がどんなになっているだろうか考えてみる……
幼い頃から死に至る今まで、ずっとともに歩んできたこの身体《からだ》、
死の間際になって、わたしは、この身体《からだ》に対してどんな感情を懐《いだ》くだろうか？……

自分の臨終について思いを馳せているのですが、そのときに、体を切り口に想像してみるんですね。

生まれたときからずっと自分とともにある体、その体についてどんな思いを持つだろうかということで、まず自分の手に注目します。

まずは、両方の手から始めよう。
それらをじっと眺め、
この両手がこれまでわたしに何をしてくれたかを思ってみる……

死ぬ間際に自分の手に感謝をするというのは、とても興味深い視点です。

手は、物をつかんだり、体を支えたり、感触を確かめたり、人と手をつないだり、さまざまな用途があります。

体の中で、とても大きな働きをしてくれる部位の一つです。

ですので、自分にとってもっとも近しい部位とも言えるでしょう。

石川啄木は、「はたらけど／はたらけど猶《なお》わが生活《くらし》楽《らく》にならざり／ぢつ《じっ》と手《て》を見《み》る」という短歌を詠みました。

一生懸命働いても、家族の病気や借金で生活が苦しかった啄木は、どうにもならない思いを抱えながらじっと自分の手を見つめました。

そこには、自分の人生のなんたるかに思いを馳せる意味もあったのかもしれません。

啄木は、手を見つめることで自分の心と向き合ったのでしょう。

そして、よくがんばっているな、と自分で自分を励まし慰めたのかもしれません。

死ぬ間際というのは、誰しも不安になると思います。あるいは、寂しさも感じることでしょう。

もちろん、これまで出会ったいろいろな人に感謝をする気持ちはあるでしょうけれど、自分にとって身近な手を見て、自分のためにずいぶん役立ってくれたなあと感謝しながら最期の瞬間を迎えるのは、とてもいいことだと感じました。

自分の体一つ一つに感謝することで、不安や寂しさを乗り越えられるのではないかと思います。

そして、**これまでの人生のさまざまな経験を思い出してみます。幸せな経験、辛い経験、巡り合った人との経験など、一つ一つを丁寧に思い出すのです。**

もし、今日、死ぬことになっているとしても、
わたしはこの人生で、自分にふさわしい以上のものを恵まれてきたと言える。
あらゆる祝福を受けてきた……
これからわたしにどんな人生が待ち受けていようと、
それは恵みを増すことになるだけだ。

辛いこともあったけれど、幸せなこともあった。それを思い出すことによって、自分の人生は「祝福」を受けてきたと考えると、今ここで命を失うかもしれないけれど、幸せではあったという結論に達することができるのです。

生きている間に辛いことがあると、

「どうして自分だけこんなひどい目にあうんだ」

「なぜ自分だけがこんなについていないんだ」

と思い、不平等や不公平に心がむしばまれるわけですが、落ち着いていろいろなことを思い出すと、そうではないことに気づけます。

その境地に至ると、死を目の前にしても、こう考えられると言うのです。

たとえそうだとしても、不平を言う筋合いはない……

わたしはこれまで、こんなに長く生きてきたのだから……

この「筋合いはない」という日本語の使い方が独創的ですよね。

「筋合い」とは、確かな根拠や道理といった意味ですが、ここでの「不平を言う筋合いはない」とは、自分の人生はこんなに幸せだったのだから十分だ、感謝こそすれ文句を言うなんてありえない、ということ。

つまり、**人生の最後に「幸せだった」と確信できる強さを持てたということです。**最後に大切なことを思い出し、この境地に至れるのは、やはり体に意識を向けるエクササイズによるのです。

愛とは人のために祈ること

この『心の泉　瞑想への招き』では、他人のために祈ることも書かれています。

自分の知り合いのなかで気にかかる人たちのことを思い出してみる……

たとえば、落胆している人々とか……

そうした人たち一人ひとりに、わたしは言う。

「あなたに、平安と喜びとがありますように。」

彼らのために願ったわたしの祈りが現実になることを想像する。


身体《からだ》に障害を負っている人々のことを思い出す……

痛み、苦しんでいる人々のことを思い出す……

そして、このように祈る。

「あなたに、力と勇気とが湧いてきますように。」


自分のために祈ることも大切なのですが、他人のために祈るというのもとても大切です。

自分のことと同じように他人を思う気持ちは、人の心を豊かにします。

落ち込んでいる人、体が不自由な人、苦しんでいる人を、励まし勇気づけるための祈りは、何よりも尊いものです。

黒柳徹子さんの『トットちゃんとトットちゃんたち』（講談社）という本の中に、黒柳さんがユニセフの親善大使の仕事で海外に行ったときの話が書かれています。

そこで黒柳さんは、もうすぐ亡くなってしまいそうな男の子に出会います。

その男の子は、黒柳さんにこう言ったそうです。

「あなたの、お幸《しあわ》せを祈《いの》っています」

死を目の前にしているのはその男の子で、黒柳さんはその子を励まそうとしているのですが、その子の方から「幸せを祈っています」と言われて、黒柳さんはとても感銘を受けたそうです。

自分の命の終わりが見えているときでさえも、他人のために祈ることのできる心のあり方。そこに黒柳さんは感銘を受けたのだと思います。

こういうことを知ると、**愛とは、人のために祈ること、人のために何かをすること**なのだと実感します。

もう一つ、例を挙げましょう。

『いしぶみ　広島二中一年生全滅の記録』（広島テレビ放送編　ポプラ社）という本があります。

これは、1945年8月6日に広島に落とされた原爆の被害にあった、広島県立広島第二中学校の1年生321人と教師たちの記録をまとめた本です。

この中に、山下明治くんという男の子の亡くなる直前の様子が、明治くんのお母さんの話として書かれています。

臨終が近くなり、お母さんが思わず

「お母ちゃんもいっしょに行くからね」

と言うと、薄れる意識の中で明治くんは

「あとからでいいよ」

と言ったのです。

そして、その後で

「お母ちゃんに会えたからいいよ」

と。

明治くんは中学一年生。死ぬのは当然怖いはずです。

お母さんともっと一緒にいたかったでしょうし、お母さんが「いっしょに行く」と言ったのも正直な思いのはず。

ですが、そんなときでも明治くんはお母さんのことを慮《おもんばか》って「あとからでいいよ」と言うのです。

一見すると、何気ない普通のことばのようですが、ここには親子の深い情が込められているのです。

命の終わりにあってもなお、大切な人を思う気持ち。

それは、**大切な人だからこそ、自分がいなくなっても生き続けてほしいと祈る気持ち**に他なりません。

ルワンダ大虐殺を生き抜いたイマキュレー・イリバギザさんは、『ゆるしへの道　ルワンダ虐殺から射してくる、ひとすじの光』（イマキュレー・イリバギザ、スティーヴ・アーウィン　原田葉子訳　女子パウロ会）という本の中で、母と兄を殺害した加害者・フェリシアンに会ったときのことを書いています。

フェリシアンが収容されている刑務所を訪れたイリバギザさんは、このあとも生きていくためには、「神のゆるしがもつ癒やしの力」を、イリバギザさん自身も、そしてフェリシアンも必要としていたと言います。

「わたしはフェリシアンを心からゆるしました」

このことばは、人のために祈ることの究極の形と言えるでしょう。

黒柳徹子さんが男の子からかけられたことば、山下明治くんがお母さんに言ったことば、そしてイリバギザさんがたどりついた「**ゆるし**」。

これらのことから、人のために祈ることの尊さを教えられました。

心の健康を保つ方法

『祈り』（奥村一郎　パウロ文庫）という本では、祈りについての考え方が非常によく整理されています。

この本での「心の健康」についてご紹介しましょう。


心の健康とはなんであろうか。**答えは簡単明瞭《めいりょう》、「愛」の一語につきる。**「愛」の定義はいろいろあるが、トマス・アクィナスは「**他人の幸福を願うこと**」という明瞭な定義を与えている。

心の健康を保ちたいと思い、それがどのように得られるかを考えるときには、たいてい自分について思いをめぐらせるのではないでしょうか。

「他人の幸福を願う」「愛」によって心の健康が得られるというのは、すぐに思いつくことではないと思います。

ですが、例えば子どもが病気になってしまって、心配のあまり親である自分の心が健康な状態ではなくなったとき、まず願うのは「この子の病気が治りますように」ですよね。この子が元気になるためなら何でもする、というのは、決して稀有《けう》な感情ではないと思います。

わたしはペットの犬を飼っていますが、その犬が病気になったときもそう思うことがあります。

子どももペットも家族です。家族のことを考えると、**心の健康が他人の幸福を願うこと**

であるというのは腑に落ちることと思います。

わたしは大学で教員を目指す学生たちを教えているのですが、教育現場の先生たちの話を聞くと、心から生徒のためを思ってがんばる先生たちが多いことに気づきます。

ある高校の野球部の監督をしている先生は、練習のときはとても厳しく指導をするのですが、じつは誰よりも朝早く学校に行って、生徒たちが練習しやすいようにグラウンド整備をしているそうです。

そして練習が終わったあとは、生徒たちを帰宅させてから一人で翌日のためにグラウンド整備をするのです。

あるサッカー部の監督は、部費が限られているので、試合で遠征するときに自らマイクロバスを運転して生徒たちを連れて行くそうです。

試合で疲れた生徒たちは、帰りのバスで皆寝てしまいます。

たまに目を覚ますと、先生が安全に注意しながら運転している後ろ姿が見えます。その光景が目に焼き付いているからこそ、生徒たちはこの先生のためにがんばろうと思えたのだそうです。


こういう先生たちは、特別な報酬がもらえるわけではありません。

もちろん、学校での評価や査定に直接関係することもほとんどないでしょう。

誰に言われたからでもなく、それをやり続ける。

野球やサッカーが好きだからやっていると思うかもしれませんが、それだけでできることではありません。

先生たちが一番うれしいのは、生徒たちが努力して勝って喜ぶ顔を見ること。

負けたとしても、スポーツを通して生徒たちが成長してくれること。

生徒の成長を祈ることで、そしてその祈りをグラウンド整備や移動車の運転という形で表現することで、先生の心の健康が保たれるのだと思います。

学校での部活動を指導する先生は、部活動だけでなく、生徒の学業や進路の指導もします。

学業も部活動も順調な生徒は問題ないですが、そうではない生徒に関しては、進路の相談に乗ったり、場合によっては生徒に合った道を懸命に探して紹介してくれたりもします。

今は教育現場での問題や課題について指摘されることが多いのですが、生徒一人ひとりの将来を思って動いてくれる先生がいることも事実です。

そんな先生の存在が、教育の光とも言えます。

生徒の成長を願い、生徒の幸せを祈る先生たちは、決して仕事だからという理由だけではないはず。

その思い自体がとても尊いものなのです。

何気ない日常の大切さ

また、『祈り』ではこのようにも説明されています。

> 祈りは愛の呼吸であり、地獄は苦しみに凍結したところと言うならば、祈りが人間にとって不可欠のものということもわかってくる。祈らなければ愛せない。愛さなければ祈れない。祈りと愛とは切っても切れない関係がある。

そして、「**真の祈りとは、このように『愛に活《い》かされた魂の呼吸』である**と言わなくてはならない」とも言っていて、他人の幸福のために祈ることと愛との関係が、より密接に感じられます。

この本の中の「ほんとの話」という項目に、興味深い話が載っています。

詩人の高田敏子さんの「ベンチ」という詩が紹介されていて、テーマは母と子です。

母と子
一日じゅう　しょっちゅう
話をしているようでも
ほんとの話なんて
あんがい　していないものです
（後略）

日常的な会話はよくしているけれど、片手間の会話や、連絡事項・伝達事項ではない「ほんとの話」をどのくらいしていますか、という問いかけです。
ここでの「ほんとの話」とは、むしろ「用件のない会話」です。
必要にかられて伝えあうことではなく、ふとした拍子に零《こぼ》れ落ちることば。

コロナ禍で「不要不急」ということばが世の中に広まりましたが、人間関係においては「不要不急」にこそ大切なものが隠されているのです。

奥村一郎さんは、次のように書いています。

> 十分間でもいい。こうして家の外にでて、暇をつくることである。そのような状況で話されることが「ほんとの話」になる。そのときには話される「ことがら」がたいせつではなくて、「話すこと」という事実そのものによって生かされるような話、それが高田さんの言われる「ほんとの話」なのである。愛しあっている人たちの話は、**話のことがらが問題ではなくて、話しあうこと自体が喜びなのである。**

愛とは何か。その一つの答えがここにあります。

何かを話し合うことが目的なのではなく、対話そのものが目的である対話。

そこにこそ、愛が潜んでいるのではないでしょうか。

苦しいことや辛いことがあったあとで、「何気ない日常の大切さに気づいた」ということばを聞くことがあります。

何気ない日常は、何気ないからこそ気づかずに過ぎていく。

もし、日々日常の大切さに気づいているとしたら、もうその日常は何気ないものではなくなっているのかもしれません。

何気ないものに気づくことがいかに難しいか。

そして、何気ないものに気づくことがいかに尊いか。

この詩が教えてくれたように思います。

「神のうちに身をおく」

『祈り』の著者・奥村一郎さんは、母と子による「ほんとの話」を愛し合っている者の間で交わされる話し合いであるとしたうえで、**「神とのほんとの話しあい」は祈りである**

と言っています。

ここまで、祈りについてさまざまな角度から考えてきましたが、祈りが神さまとの「ほんとの話しあい」であると言われると、とても納得できますね。

祈りと愛の関係性についても、辻褄が合うような気がします。

「茶道とは湯をわかして飲むまでのことなり」と千利休が言うならば、**「祈りとは神のうちに身をおくまでのことなり」**とでも言えよう。

このことばも、とてもしっくりきました。

わたしは以前、茶道の遠州流宗家の13世家元・小堀宗実《そうじつ》さんと対談させていただいたことがあります。

小堀さんは、「茶道ではお作法も大事ですが、一番大事なのはお茶を楽しんでいただくことです」とおっしゃっていました。

常に生死の境目で戦っていたような戦国武将も茶道をたしなんでいたように、茶室での出会いや茶室で過ごす時間は特別なものでした。

茶道とは出会いであり、教養であり、何よりもたかぶる気持ちを落ち着けるための祈りの儀式でもあったのかもしれません。

『目からウロコ　とりなしの祈り』（来住《きし》英俊　女子パウロ会）では、**「自分以外の人のために神に願うこと」**、**「とりわけ、苦しんでいる人たちのために祈ること」**を**「とりなしの祈り」**と言っています。

「とりなしの祈りは、自発的で積極的な行動」と定義したうえで、愛との関係をこう述べます。

愛のために、負っている責任のゆえに、この私がしっかりと祈るのだ。そういう事柄はだれにでも一つや二つはあるはずです。そのために粘り強く継続して祈る。

それがとりなしの祈りというものです。

愛のために祈る。それは、「継続」だと言うのです。

想像してみてください。もし、愛する子どものために祈るとしたら、「今日祈ったからもう大丈夫」とは思いませんよね。

今日も明日も明後日も、継続して祈るはずです。

また、「祈らなきゃいけないから大変」とも思わないでしょう。

むしろ、祈ることがあるからこそ、自分の心が落ち着くのではないでしょうか。

もっとも苦しいのは、愛する人のために何もできないこと。具体的な行動が思いつかないことほど辛いことはありません。

この本では、「ある人のために神に『祈る』ことと、その人のことを心の中であれこれ『心配』することとは全く違う行為」と言っています。

「心配」は状態であって行動ではない。先にも述べた通り、**「とりなしの祈りは、自発的**

で積極的な行動」なのです。

祈りが心の健康であるという考え方は、ここでも証明されているのですね。

第二章　自己肯定感を養い高めていく

自分と他人を一旦切り離す

数年来、話題になっている自己肯定感。自分を信じる力と言ってもいいかもしれません。

自己肯定感のある人は、心が強い。周りの状況がどうであっても、自分を信じているので揺らがず泰然自若としていられます。

自分を信じる力が強いということは、自分にとって否定的なものにも影響されにくい。

今の日本では、自己肯定感の低さが問題とされているのですが、にわかに同情しにくい面もあります。

自己肯定感の低い人は、

「どうせ無理に決まっているんだから」

「わたしなんて、ダメなんだから」

ということを口にするので、慰めたり励ましたりされたいだけなのではと思われてしまうんですね。

だから、同情も共感もされずに、より一層否定的な思考を強めてしまう。

大正時代から昭和にかけて活躍した俳人に、種田山頭火《たねださんとうか》がいます。

山頭火は五・七・五の定型句にこだわらず、自由律俳句を詠んだ人です。

代表作の一つに、

「蜘蛛は網張る私は私を肯定する」

という句があります。

蜘蛛は、生きていくために網を張る。それは、疑いようもない自分の生き方である。蜘蛛が生き方を肯定しているように、わたしもわたしであることを肯定する、という意味です。

網を張るくらいのことしかしていない自分はダメだ、なんて蜘蛛は思っていません。

例え、周りから「そんなことしかできることはないのか」と思われたとしても、蜘蛛はなんとも思わない。

だから、**どんなに自分のことをどうしようもない人間だと思っていても、わたしがわたしであることは肯定していいんだということ。**

「○○ができれば自己肯定していい」という条件なんてありません。

生きて、暮らしているだけで上出来だというくらい、自己肯定のハードルを下げていいのではないでしょうか。

どうしてもハードルが高くなってしまうのは、他人との比較の中で生きているからです。

ＳＮＳの世界を見ても、自分より外見がどうとか、お金があるとか、人から人気があるとか、そういう外的な基準を設けてしまうから絶望してしまうのだと思います。

他者から見られる自分を意識しすぎると、「視線恐怖」に陥ってしまいます。

視線恐怖とはその名の通り、他人からの視線が恐くてたまらない、あるいは自分の視線が他人に不快感を与えているのではないかと過剰に意識してしまうこと。

必要以上に他人の視線からメッセージを受け取ろうとしてしまい、自分はダメだと思われているのではないか、自分は必要のない存在だと思われているのではないか、と気にしてしまうんですね。

ですので、**今の時代、自分を信じるためには、自分と他人を一旦切り離す作業が必要なのではないでしょうか。**

他人からの評価を完全に断ち切って、何の評価も受けない安全地帯で自分を信じることを始めるのです。幼いころから他人の評価にさらされ続けていると、なかなか抜け出せないところがあります。

例えそれがいい評価だったとしても、さらに上、さらに上、と目指していくといつか頭打ちになります。そのときにくじけてしまい、「どうせ自分なんか……」という負のスパイラルに飲み込まれてしまうのです。

「わたしはわたしを信じる」

この一文を、心の中で習慣化してしまえばいいのです。

「わたしは」は主体としての自分、「わたしを」は客体としての自分。

どちらも自分であれば、他人の入り込む隙間はありません。

他人からどう思われるかを気にするというのは、一見すると他人からの攻撃に怯《おび》えているように思いますが、そうではありません。

攻撃しているのは、自分です。

「他人からこう思われる自分はダメだ」と、自分で自分を攻撃してしまい、味方を失ってしまうのです。

自分は自分の味方でいる。自分は自分を攻撃しない。

そう決めるだけで、安全な場所に避難できるのです。

自分で自分の背中を押す

わたし自身は、幼いころから「自分を信じる力」をつかんでいたように思います。

それを自覚的に強化してきたので、これまでの人生を振り返ってみても、自分を攻撃したり疑ったりすることがありませんでした。

自分を信じるというのは、自分の能力を信じるのとは違います。

実際、わたしもこれまでいくつかの試験に落ちた経験がありますし、能力についてダメ出しをされたこともあります。

だからといって、自分を否定したことはありません。

自分で自分の存在価値を無化しない、というのは、子どものころから決めていたのかもしれません。

その原体験として、小学校1年生になったばかりのときの授業をよく覚えています。「みえる　みえる」というテーマの授業で、教科書を開くと町全体の絵が描かれていました。

住宅街や商店街、遠くの山並みや学校、公園、道を走る車などが描いてありました。

先生が「さあ、何が見えるでしょう」と問いかけて、わたしたちが手を挙げて答えるという授業でした。

そして、五つ答えられたらバッジがもらえるというご褒美があったのです。

わたしは張り切って挙手をして、「学校が見えます」「山が見えます」と答えました。

ですが、周りの子たちはあまり手を挙げないのです。

絵に描いてあるものを言えばいいだけなので、できないことはないはずなのですが、何も言わない子が多い。

おそらく、というか、絶対に皆も答えはわかっているはず。心の中では「公園」「自動車」と言っているはずです。

でも、勇気を出して手を挙げるということができない。

それが「自分を信じる力」の有無に関わっているのではないかというのは、わたしも後々わかったことです。

ためらってしまう自分、不安な自分をかき消して、自分の背中を押すような心理的メカニズムが、自分を信じる力なのだと思います。

信じる力があれば、さっと手を挙げて答えられる。ですが、信じる力がないと、他の人が正解したときに、「わかっていたのに……」と悔しい気持ちになってしまう。

自己肯定感を上げるせっかくのチャンスが、悔しさの引き金を引いてしまうとしたら、もったいないことです。

そのときのことは、大人になっても忘れられないものになりました。

勇気を身に付ける荒療治

自分を信じる力があるか否かは、勇気に現れます。

勇気はもともとの気質や性格に負うものだと思われがちですが、勇気は練習で身に付けることができます。

それをわたしは大学の授業で実践しています。

毎年夏に集中講義を行うのですが、ある年、出席者が１３０人いました。

130人もいると、講義中に個人が発表する機会はまずないのですが、**わたしは学生たちに勇気を身に付けてほしいと思い、集中講義の間は毎日一人10秒ずつ発表してもらうことにしました。**

テーマは「これまで受けた教育法の中で、優れているもの」。学生たちは教員を目指しているので、学びとしても意義があります。

はじめのうちは、緊張して何も言えずに終わってしまう学生もいましたし、逆に10秒に収まらずにオーバーしてしまう学生もいました。

上手に言えたか否かは別にして、「(例え10秒であっても)130人の前で発表した」という事実は残ります。

そして、一日目、二日目、三日目……と続くことで、その事実が降り積もって自信を形成していくのです。

勇気を身に付けてほしいと始めた課題でしたが、130人全員が必ず発表するので、いつの間にか勇気が必要ないくらい慣れてきたのには驚きました。中には、「替え歌で発表します」と言って歌い出す学生もいたほど。

１３０人の前で、一人で何かをやるというのは大変なことです。

ですが、全員がやるとなったら、腹を据えるしかない。

腹を据えてやってみたら、意外とできたということで、大半の学生は人前に出ることに抵抗がなくなりました。


よく、外向的な人、内向的な人という分類がありますが、わたしの感覚で言うとその分類にあまり意味はありません。

教師という仕事は、生徒たちの前に立って勉強を教える仕事です。

教師になると決めた時点で、内向的だから、緊張するタイプだからなんて言ってはいられないのです。

あえてこういう荒療治をして、学生たちに自然に勇気を持って自信をつけてもらいたい。

１３０人という規模でなら、効果的な授業ができると思いました。

１３０人の大教室を想像してみてください。かなりの人数です。

その全員が、自分の話を聞いてくれて、拍手したり笑ったりしてリアクションをしてくれるというのは、大きな経験です。

学生たちは、見事に期待に応えてくれました。


１３０人の前で話すことも訓練なのですが、それと同時に、１３０人からリアクションの形で承認を受けるのも、この授業の重要な要素でした。

そのため、**一人ひとりが発表し終わったら、必ず全員が笑って拍手するスタンディングオベーションをルール化しました。**

発表するときには、うまくできなかったとか失敗したという自覚があったとしても、そそくさと帰ろうとせず、いっさい気にしないで堂々と喝采を浴びましょうと伝えました。

10秒発表して、5秒のスタンディングオベーションを受けるという、たった15秒のできごとですが、それを体験するといろいろなことが吹っ切れるんですね。

「自分なんて……」「できるわけがない」「失敗したらどうしよう」というネガティブな感情を忘れることができる。

そして、130人に喝采されると、どんなに内向的で恥ずかしがっていても、「またやってみたい」という意識の変革が起こります。

「大丈夫だよ」「自信を持って」とことばで励まされるよりも、強固な勇気が湧いてきて、自分を信じる力が生まれるのです。

ある学生が、初日に10秒間で「えーと」を4回も言ってしまいました。「えーと」だけで10秒終了です。

そこで、「明日は『えーと』を一つ減らしましょう」という課題を出しました。

翌日、その学生は「えーと」が2回になりました。

すると、スタンディングオベーションで大盛り上がり。教室中が、「えーと」が2回になったことを大絶賛しました。

その翌日は「えーと」が1回で、また盛り上がりました。ここまでくると、「えーとゲーム」のようです。

その次の日、「えーと」を言わずに10秒発表したら、「やったー!」と全員で拍手喝采。全員で勝ち取った勝利のような雰囲気でした。

弱点の克服というのは、とても難しい。本人が気にしているからなおさらです。ですが、それをゲームのようにすると、クリアする喜びが得られます。特に今の学生たちはゲームに慣れているので、ゲーム化と相性がいいのです。

こうしてクリアできると、弱点だったことが自信に切り替わる。**前にできなかったことができるようになると、人は大きな自信を持ちます。すなわち自己肯定感が上がるのです。**

小さいことでも、前より良くなったと自覚できれば、自己肯定感は上がります。他の人と比べると、「あの人はすごい、それにひきかえ自分なんて……」と思ってしまうので、自己肯定感は上がりにくい。

でも、自分自身のビフォーアフターで見れば、着実にできるようになっていることがわかります。

もし自信が持てずに悩んでいるなら、自分自身のビフォーアフターに注目してみてください。


この**「130人プレゼン」には、副産物的な効果があります。**

それは、「人を褒めることで自己肯定感が上がる」こと。

一見すると、人を褒めると相手が上がり、褒めている自分が下がるような気がしますよね？

じつは違います。

人を褒める自分、賞賛している自分というのは、清々しい気持ちでいられるのです。

相手のいいところを見つけて、嫉妬もせずに素直に褒める。その清らかさは、精神的にとてもいい影響があり、自己肯定感につながっていくのです。

大勢の前で発表する勇気が持てて自己肯定感が上がり、かつ他の人を素直に褒めることで自己肯定感が上がる。

「130人プレゼン」は一人残らずダブルで自己肯定感が上がるので、大教室全体がいいエネルギーで満たされるのです。

「褒めコメント」という補助輪

ビフォーアフターの変化については、自分でも「できるようになった」と認めることはできます。

ですが、やはり他人から「前よりも良くなったね」「○○が上手になった」と言われると確実な自信につながります。

はじめのうちは、このような他人からの「褒めコメント」があった方が自己肯定感の向上に勢いが出るんですね。

ではそれをどうやって得るかということですが、**「互いに褒めコメントを贈り合う」と約束しておくこと**です。

挨拶されたら挨拶する、褒められたら褒める、というふうにルール化してしまう。

そうすると、自分の努力が報われますし、努力が報われるとまた次も努力しようという好循環が生まれ、努力している自分、努力が報われて結果が出ている自分に自信が持てて自己肯定感が上がるのです。

他人からの褒めコメントは、例えて言えば自転車の補助輪のようなもの。

幼い子どもが自転車に乗る練習をするとき、後輪の両側に補助輪をつけますよね。

はじめは補助輪をつけて走る練習をして、しばらくして車体とのバランス感覚を体で覚えると片方の補助輪を外し、それで走れるようになったらもう片方の補助輪を外す。

こうして、一人で転ばずに乗れるようになります。

はじめのうちは、**褒めてもらうことで自信がついてきます。**

しばらくすると、他人から褒められなくても、**積み重ねた自信によって自力で前進でき**

るようになります。

やがて、他人から褒められるのではなく、**自分で自分を褒めることで自信が持てて、自己肯定感の回路を作れるようになる。**

わたしはこれを「自画自賛力」と名付けました。自分で自分に拍手して「今日も、なかなか良かったな」と言えるようになると、他人からの賞賛がなくても前進できます。

これが、褒めコメントという補助輪なしの状態です。

ですから、他人からの賞賛がないと生きていけない人は、まだ補助輪付きの自転車に乗っているということ。

そのあり方自体は否定しませんが、補助輪がない方が自由に走りたい場所を走れますよね。

初めて通る場所でも怖気づくことなく、また補助輪の幅を気にせず、走りたいところを走ることができます。

他人の賞賛という、自分でコントロールできないものに左右されない自己肯定感が理想ではあるのですが、子どもの場合はそうはいきません。

子どもはいろんな人に承認してもらって自己肯定感を育むので、子どものころに否定され続けると、それを乗り越えるのに時間がかかるんですね。

ある程度集中した賞賛を受けると、自信の素地ができます。

ですので、先ほどお話しした**「130人プレゼン」のスタンディングオベーションのような機会を作ってあげる**といいのではないかと思います。

人は、褒められると期待に応えようとしますし、その努力が成長につながります。

褒められる→自信がつく→自己肯定感が上がる→期待に応えようと努力する→成長する、という幸せなサイクルを回していきたいものです。

ポジティブメッセージに限定する

今はSNSが花盛りで、「いいね」が欲しい人たちがあふれています。

「いいね」をもらうとうれしいのはわかりますが、「いいね」が減れば当然寂しくなります。「いいね」に振り回される人生は辛いので、気にせず過ごす方が精神は安定するのではないでしょうか。

わたしも**X（旧ツイッター）を始めましたが、フォロワー数もチェックしませんし、コメントも書き込めないようにしています。**

ただひたすら自分が表現したいことだけを投稿しているので、だいぶ心は安らかです。

本も多数出版していますが、Ａｍａｚｏｎのレビューはまず見ません。

もし見えそうになったらすぐにページを変えるくらい、見ないことを徹底しています。

自己肯定感が高いとはいえ、低評価が目に入ったら少なからず心がふさぎます。

正当な批評であればまだしも、ネットの世界では、玉石混交の「玉」の意見を探すには途方もない労力が必要です。

それならいっそのこと、すべて見ないと決めた方がいいのです。

大学では、授業後に学生にアンケートを書いてもらうことになっています。

他の先生の話によると、「自由にアンケートを書いてください」と言ったら、ことばにするのもはばかられるような罵詈雑言を書かれたことがあったそうです。

そんなことがあるなんてと思いましたが、無記名で、かつ「自由に」というと、つい書いてしまうということが起こるのです。

書いた当人としては、何気ない気持ちかもしれません。あるいは、ちょっとした冗談だったかもしれません。

ですが、書かれた方はものすごく傷つき、場合によっては立ち直れないほどの傷を負うことがあるのです。

SNSの誹謗中傷は、まさにそうですね。

書いた人は「ちょっとイライラしていた」「軽い気持ちで書いた」と言いますが、それが相手の命を奪うことにつながったケースがいくつもあります。

ですので、**わたしは学生にアンケートを書いてもらうときに「ポジティブなことだけ書いてください」**と言っています。

良くなかったものについては、わざわざ書かなくても自然になくなるので、安心してください、と。

すると、「来年度もこの課題は続けてください」「このテーマで学びが深まりました」といったことを書いてくれるようになりました。

これはわたしなりの「補助輪」の装着法です。

わたし自身、メンタルが弱い方ではないのですが、万が一誹謗中傷を受けたときに、気持ちが乱されることを避けたいのです。

乱された気持ちを立て直すのにはエネルギーが必要です。自分のエネルギーをそういうネガティブなことに使いたくありません。

ポジティブメッセージに限定したおかげで、安心して授業に臨めるようになりました。

学びを中心とした生き方

自己肯定感を高めるために有用なのは、学ぶことです。

難しい学問を究めることではなく、好きなことや興味のあることについて、よりよく知りたいと探究心を持つことです。

学び続けていると、必ず前より知識が増えて、賢くなります。今日新しいことを一つ知ったというだけで、十分な学びの成果です。

そうすると、自分を肯定しやすいのです。

それに、学び続けている間、成長している間は否定的な気分が入りにくくなります。

自転車は漕ぎ続けていれば転ばずに走りますよね。それと同じで、学び続けている間は人の心は転びません。

また、自転車を漕ぐときに足元のペダルばかり見ていると、あちこちぶつかってしまいます。だから、行き先を見て、そこに向けて漕ぎ続けます。

学ぶときも、遠くの目標に向かって進んでいくといいのです。

たとえば、イエス・キリストの考えに近づきたいと思って学んでいくと、一生充実した学びを続けることができます。

そうして、**日々一つでも学びが深まれば、必ず自己肯定感につながります。**

自己肯定感が持てずに悩んでいるなら、学びを中心とした生き方を自覚するといいと思います。

昨日よりも、一昨日よりも、1週間前よりも、確実に成長できます。

学んで成長した自分を認めることが自己肯定感の持ち方だとすると、子どもからご高齢のかたまで、幅広く活かすことができます。

小さいお子さんが、絵を描いたり字を書いたりし始めたときに、その一つ一つを「できるようになってすごいね」と「成長」というラベリングをしてあげると、幼いながらも自分の成長を感じ取ることができるでしょう。

知らなかったことを知る、できなかったことができる。これが何よりの成長の証しなの

です。

わたしの教え子で、学校の教員になった人がいます。

彼は学生時代、どちらかというと人の話を聞くのが苦手で、誰かが話していると割って入ってしまうことがあり、それは同級生からも指摘されていました。

卒業して3年経ったころ、大学の同窓会が開かれたのでわたしも参加し、彼も駆けつけました。

3年ぶりに話をしたら、きちんと人の話を聞いて、会話の流れに沿って自分の意見を言っていて、彼の著しい成長が見て取れました。

驚いて、この3年間に何があったのかを聞きました。

彼は、勤め先の学校で学習支援クラスの担当になったそうです。

クラスの生徒は全部で5人、学年も学習の進度も異なり、必要な支援の内容も異なります。

彼は、毎日毎日5人のために別々の学習プリントを作り続けたのです。

その話を聞いたときに、わたしはとても納得しました。

5人の子どもたちの成長をサポートするには、子どもたちそれぞれが何に困っているか、何がわからないか、何がわかるかを的確にキャッチしなければなりません。

それを知るためには、一生懸命に聞くことが必要でした。

子どもたちの成長を支えることによって、自分の聞く力が育ち、人としての成長につながったのです。

人をケアすること、人を教えることで彼が成長できたのは、自分のしていることに誇りが持てて、自信につながったからに他なりません。

自分という存在を肯定し、学ぶことで成長する自分を肯定する。それが信じる力になると思うのです。

表現の場を持つ

自己肯定感を高める身近な方法としておすすめしたいことが三つあります。

一つめは表現活動をすること。ただし、他者からの評価と関係なく表現する場であることが大事。

それができると自分を信じる力が育まれます。

学校生活であれば、多くのことが表現活動につながります。

部活動の試合や学習発表会など、それまで練習したり学んだりした成果を出す場はすべて表現活動です。

今、教育現場では、思考力、判断力、表現力が重要とされていて、表現するに至るまでのプロセスを経験することが、成長に弾みをつけるとされています。

表現の場があるからこそ、熱が入る。自己満足で終わることなく、また巧拙問わず、目標に向けてひたむきに前進すること自体に価値があるのです。

前向きにエネルギーを発することで、肯定的な気持ちになる。エネルギーに満ちた自分を信じられるようになる。

失敗するかどうかは考えなくていいのです。むしろ、どのような表現であっても失敗はないという前提を持つのが大事なのです。

表現活動というと、それ相応の立派な技術でなければならないと思うかもしれませんが、もっと広い意味で「表現」をとらえていいのではないでしょうか。

例えば、**毎日料理をしている人は、そのこと自体がすでに表現活動**ですよね。

献立を考えて、材料を用意して、作って盛り付けて、食事時間に合わせて食卓に出すという「表現」です。

お弁当作りも表現活動になりつつあります。インスタグラムで紹介したり、それが料理本になったりするケースもあります。

好きな花の写真を撮って、サークルで共有して楽しむことも表現活動です。

もちろん、個人的な楽しみで続けてもいいのですが、そこに仲間が集まるとより表現活動が活発になります。

お互いに褒め合うことで自己肯定感が高まるという良さもあります。

冒頭で、他者からの評価と関係なく表現することがいいと言いましたが、互いに褒め合える関係性、心理的安全性が担保された関係でしたら活動が促進されるので、むしろおすすめです。

「ソフト&ポジティブ」の時代

自己肯定感を高める二つめの方法は、いい先生を見つけること。

わたしのチェロの先生は、とにかく何でも褒めてくれます。

練習不足でも、「姿勢がいい」とか「楽しそうに弾いているところがいい」と何かしらいいところを探してくれるので、長く続けられています。

指導という点で言うと、厳しさが必要という考えもあります。

ですが、時代的には「厳しい指導」から「優しい指導」にシフトした感じがします。

1980年代くらいまでは、明らかに厳しい指導が優勢でした。学校の部活動でも、厳しい監督やコーチのもとでしごかれるのが王道でした。

しかし時代が変わり、厳しさによってモチベーションが下がるようになってしまいました。

ハラスメントということばが広まるにつれて、指導の中で厳しさを活かすことが難しくなり、厳しく叱ったり注意したりすることの是非が問われるようになってきました。

今は、指導を厳しくするのではなく、**ルール設定をきちんとして、ルールを守ることについて厳しく**すればいいと思うのです。

わたしは、授業で学生たちに課題を出すときには、

「このプリントは来週のこの時間に必ず出してくださいね。遅れたら受け取りませんので、

必ず守りましょう」

「夏季集中講座は全部で四日間です。この四日はすべて出席してくださいね。一日でも休むと単位はつけられませんよ」

というふうに、**ルールを厳しく、伝え方を優しくしています。**

指導の仕方が厳しいのはアウトです。ですので、接し方はソフトかつポジティブにするように心がけています。

昔は「ハード&ネガティブ」な指導でしたが、今は「ソフト&ポジティブ」の時代です。ソフト&ポジティブで、厳しいルールを伝える。そうすれば、ちゃんとルールは守ってくれます。

優しく接するからといって、ゆるい関係性になるわけではありません。

その分ルールが厳しいので、ほどよい緊張関係が保てます。

ことばのパターンを把握する

三つめの方法は、自己肯定感を高めるというよりは、**自己肯定感を下げずにいられる方法です。**

嫌なことを言う相手については、その人のことばのパターンを把握しましょう。

わたしはそれを「相手の太刀筋《たちすじ》を見切る」と言っていますが、どの方向からどう刀を振ってくるかを見極めることができれば、よけられるんですね。

相手が刀を振ってくること自体は止められないけれど、少なくとも自分が切られて痛手を負うことはなくなります。

例えば、何かとダメ出しをしてくる上司が嫌味を言ってきたら、「はい、出ました。いつものですね」という気持ちで受け流す。

ことばにはその人の癖が出るもの。何を言っても「でもさぁ……」と言う人もいますし、同じことでもあえて「逆に」と言う人もいます。

★いつも きみと いっしょだよ

Just in Case You Ever Feel Alone

子育て中のくまさん。神さまもわたしも、きみがひとりぼっちと思うときもそばにいるよ、と子ぐまの健やかな成長を願いながら語りかける。

M.ルケード文 E.タルレ画 32頁 上製 (2点とも)
税込定価 1,540円 H.豊子訳 28×22cm
ISBN978-4-7896-0841-1 2024.6月刊

★全国学校図書館協議会選定図書

★いつも ぎゅっと そばに

Just in Case You Ever Wonder

大切に子ぐまを育てているくまさんと神さまからのラブレター。愛されてきたことのありがたさに、心がじ〜んとする。

税込定価1,430円 女子パウロ会訳 28×22cm
ISBN978-4-7896-0819-0 2020.5月刊

★やさしい聖《せい》書《しょ》物語《ものがたり》

聖書の物語を読みやすい文と見ごたえのある絵で、見開き2頁ごとに描く。どのページからも、神さまのあたたかな愛のまなざしが感じられる。

M.ロッシュ文・絵 定価2,530円
25.5×22.5cm 128頁 上製 ふりがな付
ISBN978-4-7896-0831-2 2023.1月刊

女子パウロ会 〒107-0052 東京都港区赤坂8-12-42 定価はすべて税込です
TEL 03-3479-3943 FAX 03-3479-3944 オンラインショップ shop-pauline.jp

自己の内面を読むシリーズ２点 （イタリアのイエズス会司祭・黙想指導者著）

★自己の内面を読む－ルカによる福音書とともに－

ガエタノ・ピッコロ著　松岡陽子訳　B6判　並製（2点とも同じ）
定価1,980円　348頁　ISBN978-4-7896-0824-4　2021.6月刊

イエスに伴われ、神のことばに照らして自己の内面、人生の歩みを振り返るよう導かれるとき、今日のわたしによい知らせが語られる。
イエスは、身動きを取れなくするものから、わたしたちを解き放つ。　★全国学校図書館協議会選定図書

★自己の内面を読む２ －マタイによる福音書とともに－

定価1,650円　272頁　ISBN978-4-7896-0833-6　2022.11月刊

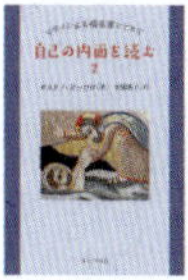

ルカ福音書の多くの重要なテーマの下、自分の考え方や感情の動き等の内面に気づき、真剣に自己や神に向き合い、変えられていきたい方の鏡となる本。
黙想・観想の書としても多くの方にお薦めできる。

イエスの聖衣《トゥニカ》とフランシスコの僧衣《トナカ》　2023.3月刊

エンツォ・フォルトゥナート著　太田 綾子訳　並製
定価1,760円 212頁 ISBN978-4-7896-0832-9

十字架の下で裂かれなかったイエスの聖衣と、徹底して主に従った聖フランシスコが大喜びで着た粗末な僧衣。この遺物を始め、多くの史料・文献等を基に、お二方の本性を証しする聖衣と僧衣の、真の意味・象徴。

病と老いと死、とその後の「いのち」　2024.3月刊

森　一弘著　定価1,540円　196頁　ISBN978-4-7896-0839-8

「いのち」を危機にさらす、現代のさまざまな問題・深い闇を、ときに具体例も挙げて鋭く指摘。オンリーワンとしての一人ひとりが、存在レベルで望む、究極で共通のことも述べる。

出版案内

2025年1月

明治大学教授

齋藤《さいとう》 孝《たかし》の新刊・近刊 各1点

信じる力

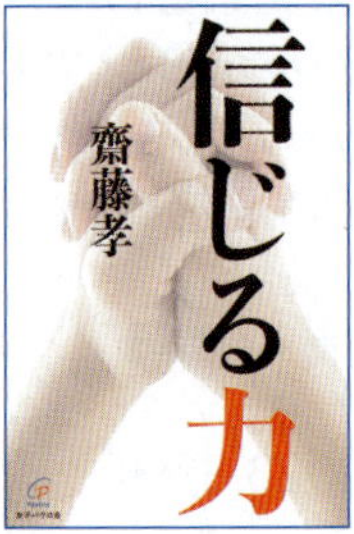

どんなに迷っていても、一歩踏み出せば違う景色が見えてくる。その一歩に大きな意味があると信じて足を前に出す。これが信じる力、生きる力。この力を呼び覚まし育んでいくために、どうすればよいかを、古今東西の偉人や身近な例を挙げて多角的に説明する。

定価1,430円　四六判　208頁　並製
ISBN978-4-7896-0844-2 2025.3月刊

声《こえ》に出《だ》して読《よ》む 7歳《さい》からの聖《せい》書《しょ》

28箇所の新約聖書の名言を、見開き2頁ずつ易しいことばで紹介。
心に刻んだ聖書のことばを生活に活かすチャレンジを、やってみたくなる工夫もある。

定価1,650円　21×19cm　76頁　並製
オールカラー　総ルビ付
ISBN978-4-7896-0843-5 2025.1月刊

Pauline
女子パウロ会

相手のことばを類型化して処理できるようになると、落ち着いて対処ができるようになります。

感情が揺さぶられることも少なくなりますし、深く傷つけられることも減ってきます。決して相手を受け入れるわけではありませんが、感情的に対立しなくて済むので、自分を守ることができます。

たまに、乱暴な物言いをする人がいますよね。普通に伝えればいいだけなのに、いちいち突っかかるような言い方をする人。

ですが、誰にも同じような物言いをしているということは、それがその人のスタンダードなのです。

「よくこんなこと人前で言えるな」

「ここまで怒っていると、かえって滑稽に見えてくる」

と、一つのエンタメとして消費してしまえばいい。

自分勝手に感情をぶつけてくる人のことばは、音として流すだけで、中身を聞き取る必要はないのです。

限定的な信頼関係の良さ

人に裏切られるのは辛いものですが、だからといって人を信じずに生きていくことはできません。

では、信じ合う関係を作るためにはどうしたらいいでしょう。

一つには、先に自己開示をするという方法があります。

自己開示とは、心を開いて自分の情報を相手に渡すこと。

他人とうまくコミュニケーションが取れずに悩む人がいますが、往々にして自分のことを相手に話していないケースがあります。

細かい個人情報を伝える必要はありません。例えば好きなものや得意なもの、やったことのあるスポーツや行ったことのある旅行先など、会話の糸口になりそうなことを伝えればいいのです。

信じるか信じないかを考える前に、お互いに自己開示し合って関係性を作ることから始めてみませんか。

人との関係作りの第一歩は共感です。

共感して、その一点においてはわかりあえたという実感を持ち、語り合える環境を作ることです。

メジャーリーグの大谷翔平選手が好きな人同士なら、「あのときの試合見た？」「この間のプレイがすごかったよね」と、次から次へと話がつながります。

特に、自分の住んでいる場所や家族構成を言わなくても、会話は広がりますし、大谷選手好きということで関係性は作れます。

互いに好きな大谷選手の話をしている限りは、競い合う必要はありませんし、傷つけ合う必要もない。

むしろ、試合についての情報交換をしたり、一緒にイベントに行ったりと、協力し合う場面が増えてくるはずです。

だからといって、プライベートまで共有することはありません。

好きなものが同じ仲間という点で信じ合うことは必要ですが、お金の貸し借りをするほど信じ合う必要はないのです。

人を信じるというと、その人のすべてを信じなければならないと思いがちです。

すべてを信じられる人でなければ、関係を構築してはいけないと思ってしまうかもしれません。

ですが、同じものが好きという限定的な信じ方、関係性の作り方があってもいいと思うのです。

相手のすべてを知ろうとすると、相手もこちらのすべてを知ろうとします。それはお互いにリスクの高い関わり方ですよね。

安全な関係性には、適切な距離感が必要です。

距離を縮めすぎると、相手との境界線が曖昧になり、気がついたら相手に操られていたということになりかねません。

信じ合うことは大切ですが、限定的な信頼関係で、一定の距離を保つような関わりなら、リスクを回避できます。

時の流れを味方につける

人から嫌なことをされて、相手を憎む気持ちが起こることがあります。

許せない気持ちを持ったまま生きていくこともできますが、事と次第によっては時が解決してくれることもあるように思います。

時の流れを味方につけることで、許すことは難しいとしても、忘れる、あるいは気にならなくなる、という状態にはなります。

わたしは、講演などで日本各地に行くことがあります。

1週間のうちに4回くらい飛行機に乗って移動していると、1週間前のことがはるか昔に感じられるんですね。

「先週の話ですよ」と言われても、「ああ、そんなこともありましたね」という感覚になってしまうくらい。

そのときに気づいたのです。

もし嫌なことや忘れたいことがあったら、忙しくして、できれば移動を多くして、毎日予定を詰め込んでいたら嫌な記憶が早く薄れるだろうな、と。

気分を変えるというのはとても重要。人間は気分に左右されることが多いからです。手っ取り早く気分を変えるには、目に見える景色や触れる空気を変えること。日常的な場所を変えることです。

ネガティブな感情が長く残ってしまうのは、自分が停滞しているときです。

ですから、とにかく動くこと。仕事や用事を入れて忙しく動き、また物理的に移動するのがいいのです。

停滞から逃れることで、少しずつ状況が展開していくはず。一度動き出せば、それが日常としてインプットされます。

恨みの気持ちにしばられて生きていくのは辛いものです。恨みの感情を薄めるくらいのことはできた方が自分のためです。

相手のためではありません。自分のために、恨みの感情を乗り越えられるといいでしょう。

科学において失敗はない

ここで少し角度を変えて、科学の領域での「信じる力」についてお話ししたいと思います。

20世紀最大の物理学者と言われる、ドイツ生まれのアインシュタインは、今からおよそ100年前の1916年に一般相対性理論を発表し、宇宙における「重力波」の存在を予言しました。

重力波とは、宇宙空間で物体が動いたときに生じる時空のゆがみが波のように伝わることで、理論上は明らかになっていましたが、実際に観測されたことはありませんでした。

アインシュタインの死後、科学者たちは、アインシュタインの予言を信じ、重力波の存在を信じて、研究を重ねました。

予言から100年後の2015年、アメリカの大学を中心とした研究チームが、世界で初めて重力波の観測に成功しました。

そして2017年には、重力波観測の研究者3氏がノーベル物理学賞を受賞しました。

これは世界中で大きなニュースになりました。時間もお金もかけて、国境を超えたチームが作られて実現した壮大な研究です。

もし、アインシュタインの予言を信じる人がいなかったら、予言のままで終わっていたでしょう。

アインシュタインを信じ、絶対に証明してみせると覚悟を決めた科学者が大勢いたからこそ、成し遂げられました。

これは、科学の世界における信じる力と言えるのではないでしょうか。

科学は、仮説を立てるところからスタートします。

その仮説を信じて、観察、実験、調査をして、実証できて初めてその仮説が正しいと言えるのです。

中には、どれだけ実験しても、証明できないことがあります。

一般的には、実験に失敗したらショックを受けますよね。これまで信じてやってきたことが間違っていたのか、と。

ですが、科学では「実験によって証明できない」ことも結論の一つとして受け入れるのです。

だから科学において失敗はない、信じて研究したものが間違いだったとしてもショックを受けないのです。

イギリスの哲学者カール・ポパーは、「反証可能性」を提唱しました。

科学は、ある仮説について実験や観察によって否定（反証）されうるということ。否定されることが科学の科学たるゆえんであるというこの考え方を大学時代に知り、科学はいいものだと思いました。

反証されたときに、「はい、間違っていました」と言えるのが科学だとすると、とても潔いと思ったんですね。

ですが、**論証のスタートはあくまでも仮説を信じること**です。

信じ抜いて実験した結果、間違っていたとわかったらそれを認める。

だから、間違っていたとしてもそれを責める人はいません。科学とは清々しい学問なのだと思いました。

第三章　文化を土台に自己を形成する

心とは本来もろいもの

人が生きていくうえでは、いやおうなしにプレッシャーがかかることがあります。

外部から強制的に圧力をかけられることもあるでしょうし、過剰な期待に押しつぶされそうなときもあるでしょう。

また、逆境に陥ってしまい、先の光がまったく見えないこともあります。

そんなときに助けになってくれるのが、「**信じる力**」です。

何かを信じているとき、人の心は強くいられます。


本来、人の心はもろいものです。なぜなら、心の本性とは「感じること」だから。

感じるということは、揺れ動くということ。

諸行無常ということばがあるように、世の中のあらゆる物事は移り変わっていきます。

変化していく物事に合わせて心が揺れ動くのは、感受性がある証拠ですので、決して悪いことではありません。

むしろ、それこそが心のあり方です。

ですが、あまりに感じすぎて、過剰に揺れ動くと辛くなってしまう。周りの変化に心が引きずられると、自分というものが崩れてしまい、立っていられなくなってしまいます。

皆さんにも、あまりに急激な環境の変化に、心が追い付かなかった経験があるのではないでしょうか。

わたしは30年以上大学で学生たちを教えていますが、今の若い人たちの心が年々折れやすくなっているのを感じます。

その場その場の気分に左右されてしまい、一旦落ち込むとそこから立ち直るのにとても時間がかかってしまうんですね。

感受性が強く繊細なのは悪いことではありませんが、先行き不透明な時代を生きていかなければならない彼らの未来が、少し心配になってしまいます。

ではわたしたちは、心をどう取り扱っていけばいいのでしょうか。

わたしは、心のもろさを何とかしようと思わずに、まず**「心はもろいもの」「心とは崩れやすいもの」という大前提を受け入れることが必要**だと思います。

そのうえで、「心がすべて」だと思わないこと。

わたしたちは、自分＝心と思いがちです。心が自分の「核」であると思ってしまう。

確かに、心は一人ひとり異なりますし、同じ景色を見ても感じることや考えることが違います。それをもって「個性」と呼んでいるわけです。

ですが、思い切ってその考え方をやめてみましょう。

心を自分だけのオリジナルなものと思わずに、心の下に「文化」があると考えるのです。**「文化」という土台の上に「心」が乗っているイメージです。**どうでしょう、想像できるでしょうか。

文化は、個人的なものではありません。

例えば、儒教の文化は、2500年前に古代中国の思想家・孔子が残したものがほぼそのまま今に受け継がれています。

ということは、それぞれの時代で儒教に触れた人たちが勝手な解釈を加えたり、気分によって別のことばに言い換えたりしていないということ。

「変わらない」というのが文化の本質であり、歴史の風雪に耐えたものこそが文化と言えるのです。

これはキリスト教文化も同じです。2000年以上も信仰され続け、世界中の多くの人々に根付いて安定しています。

歴史の中では宗教改革などもありましたが、信仰が揺らぐことはありません。

強さの根底には、儒教で言えば『論語』、キリスト教で言えば『旧約聖書』『新約聖書』といった「ことば」があります。

文化はことばによって継承されていくものなのです。

このように、安定して揺らがない文化の上に自分の心があると考えますと、安心感が得られるのではないでしょうか。

精神の文化を基盤にして自己を形成すると、心が担当する部分が大きくなくて済みます。**2000年もの歴史の荒波を乗り越えてきた文化が自分を支えてくれている**と思えば、大船に乗った気持ちでいられます。

心を強くする修業

精神の文化を土台にしている人は、もし気分が落ち込んだとしても心が支配するのは全体の2割ほどという感じがします。

日本には「武士道」という文化があります。**武士道は、精神文化と身体文化がセット**になっています。

武士道の身体文化の中心にあるのは剣術。剣術修業は、武士にとっては欠かせないものでした。

身体文化の特徴は、「技」が体にしみついていること。

武士道では、へその下あたりの「臍下丹田《せいかたんでん》」に気を集めて、外界のどんな変化や重圧にも負けないような体のあり方、精神の作り方を技として身に付けているのです。

文化が外側にあるのではなく、反復練習によって自己の内側に入ってくるような状態になっている。それが武士道の優れたところなのです。

勝海舟は、自伝『氷川清話《ひかわせいわ》』の中で、若いときに一生懸命修業したのは剣術と禅だけだったと言っています。

剣術は身体文化、禅は精神文化です。

わたしは、中学生のときに『氷川清話』を読んで感銘を受け、心を強くするためには修業だと心に決めました。

先人の優れた精神を受け継ぐと、常に先人とともにあるような気持ちになり、孤独ではなくなります。

私心を排して、俗念を打ち払い、死の恐怖に打ち勝つ。このような精神のあり方を文化として修業して身につけたのです。

そうして「虚心坦懐」の境地を会得した勝海舟は、幕末の難局にも動じることなく対処できました。

勇気を自分の技にする

明治時代の教育者・思想家である新渡戸稲造が書いた『武士道』の中で、子どもの胆力を養うための練習について書かれています。

獅子が我が子を千尋《せんじん》の谷に落とすがごとく、武士は自分の子どもに厳しい訓練を課します。

真夜中の肝試しは、今でこそゲーム感覚で行われますが、武士の子どもにとっては心を鍛えるための訓練でした。

斬首の刑が行われた日、真っ暗になってから、子どもが一人でさらし首のある場所に行き、**行ったという証拠の印をつけて戻ってくる**のです。

想像しただけでも背筋が寒くなります。

武士の子どもたちは、何があっても動じない、どんなときも怖がらない、そういう心を作るためにこの訓練に取り組んだのです。

心を鍛えるとは、すなわち勇気を身に付けること。

人間の心は弱くてもろいものですが、武士道の文化は動じず怖がらない「勇気」の文化なので、勇気を自分の技にしなければならないのです。

先に紹介した勝海舟は、自分の勇気と胆力は、剣術と禅によって養われたと言っており、**勇気も修業によって培うものだ**ということがわかります。

勇気については、『論語』の中でも言及されています。

義《ぎ》を見《み》て為《な》さざるは、勇《ゆう》無《な》き也《なり》

「人として当然すべきことをしない傍観者的な態度は、勇気がない（霊や神にこびへつらうよりも、人として当然なすべきことをなすことが大切だ）」

（『論語』齋藤孝訳　ちくま文庫）

『論語』では、勇気は人が生きるうえで重要な「態度」と言っています。

人のあり方として勇気を取り上げている点が特徴です。

哲学者のプラトンが、師匠であるソクラテスを中心に行われる対話を記した『ラケス』では、「勇気とは何か」がテーマになっています。

ソクラテスは、ラケスとニキアスという二人の将軍と話し合うのですが、結局「勇気とは何か」についての結論は出ません。

ラケスとニキアスは勇気についての自分なりの答えを出しますが、ソクラテスがあらゆる角度から問い直し、何度も再考を迫ります。

安易な結論を許さなかったソクラテスは、誰よりも勇気について考えた人なのかもしれません。

古今東西、あらゆる思想家や哲学者が論じてきた**「勇気」は、心と切っても切り離すことができません。**

勇気とは何かを考え、追い求めること自体が大切なのだと思います。

精神文化を受け継ぐ暗誦

『論語』に収められていることばの多くは孔子によるものですが、中には弟子たちのことばも含まれています。

『論語』というひとまとまりの書物として記録し、まとめたのは、孔子の弟子。

つまり、孔子が自ら後世に残したいと書き綴ったものではなく、弟子たちが貴重だからぜひ伝えたい、残したいと思って書き留めたのです。

これは『旧約聖書』『新約聖書』も同じですね。

弟子たちが記録してくれたおかげで、現代のわたしたちが『聖書』や『論語』を読めるのですから、ありがたいことです。

『聖書』も『論語』もとても重要なことが書かれていますが、決して難解な文章ではありません。読めば、大半のことは理解できます。

もちろん、子どもが読んでもある程度理解できます。

ですが、**『聖書』や『論語』を自分のものにするには、読んだだけでは不十分**でしょう。読んで理解したからといって、『聖書』や『論語』の精神が「技」として体に入ってくるかというと、そうではありません。

ではどうしたら「技」にできるか。

どうしたら体に刻み込まれるのか。

そのヒントは、江戸時代の寺子屋にあります。

江戸時代、庶民の子どもたちは5〜6歳になると寺子屋で読み書きそろばんを習いました。

寺子屋は、今の小学校のような教育機関です。

教科書として使われていたのは、『実語教《じつごきょう》』や『童子教《どうじきょう》』。

『実語教』は、学問の大切さや人との付き合い方など、人としての生き方の基本を説いていて、わたしは**「日本人1000年の教科書」**と呼んでいます。

一方『童子教』は、礼儀を身につけることや世の中のルールについてなど、道徳観念を説いています。

わたしは、これらを今の子どもたちにも読んでほしい、また親子で一緒に読んでほしいと思い、**それぞれ『子どもと声に出して読みたい「実語教」』『子どもと声に出して読みたい「童子教」』（ともに致知出版社）として出版しました。**

寺子屋では、『実語教』『童子教』とともに、『論語』の暗誦を行っていました。先生が読み上げて解説し、子どもたちが復唱する。それを何度も何度も繰り返すことで、じきに暗誦できるようになるのです。

当時の子どもたちは、帰り道も暗誦しながら歩いていました。そして、家に帰ったら大人に暗誦してみせていました。

小学校1年生くらいの子どもたちが、『論語』のことばをすらすらと言うのですから驚きです。

吾《わ》れ十有五《じゅうゆうご》にして学《がく》に志《こころざ》す。三十《さんじゅう》にして立《た》つ。四十《しじゅう》にして惑《まど》わず。五十《ごじゅう》にして天命《てんめい》を知《し》る。六十《ろくじゅう》にして耳順《みみしたが》う。七十《しちじゅう》にして心《こころ》の欲《ほっ》する所《ところ》に従《したが》って、矩《のり》を踰《こ》えず。

「私は十五歳で学問に志し、三十にして独り立ちした。四十になって迷わなくなり、五十にして天命を知った。六十になり人の言葉を素直に聞けるようになり、七十になって思ったことを自由にやっても道を外すことはなくなった」
（『論語』齋藤孝訳　ちくま文庫）

これは、『論語』の「為政」にあることばです。

孔子が「あなたたちもこうなりなさい」と言ったのではなく、「わたしはこうした」と述べたものなのですが、孔子があまりにも優れた人物なので、皆がその生き方に習うようになったのです。

暗誦できるほど繰り返すことで、『論語』のことばが子どもたちの体に刻み込まれ、「技」になり、実践すべき生き方として身に付いたのです。

ただ読んで理解するだけではない、暗誦の力。

6歳で覚えたことが、60歳になっても70歳になっても消えずに残るのですから、精神文化を受け継ぐことの大切さを感じます。

知識と情報の違い

わたしが『声に出して読みたい日本語』（1～3巻　草思社文庫）を出版したのは、暗誦、朗誦を広めたかったからです。

暗誦は江戸時代から続く日本の文化です。

『声に出して読みたい日本語』の「はじめに」で、わたしはこのように書きました。

この本は、読むというよりは、使い切ってもらうのにふさわしいものです。

本を「使い切」ることで、ことばを体に刻み付けてもらいたいと思ったのです。

暗誦したことばが体の中に溜まり、十分に熟成されて完全に自分のものになったとき、今度は自分のことばとして湧き上がってきます。

先人から教えてもらった大切なことば、長い歴史を生き抜いてきた珠玉のことばが、文字通り血肉となることで、説得力のあることばとして人に伝えていくことができるのです。

ここに至って初めて、先人のことばが自らの知恵になります。

よく、知識と情報が混同されることがありますが、両者はまったく性質の異なるものです。

知識は先ほど述べたように、自分の血肉になったもの。

情報は価値も意味も移り変わっていくものですし、自分の内面とは直接縁のないものです。

情報は、物事を知るためには必要ですし、考える材料としても欠かせない。

わたしも、日々大量のニュースに接していますし、多くの媒体から情報を摂取し、ネットニュースのコメントも読んでいます。

それでも、これらの情報が自分を形成するものだという意識はありません。

情報は常に自分の外側にあり、必要に応じて取捨選択しながら利用するもので、情報を得たからといって人格に影響しないのです。

もしかしたら、情報によって不安になったり悲しくなったりすることはあるかもしれません。

ですが、それが自分の一部にはならないのです。

人の心はもろくて動きやすいとしたら、刻々と移り変わる情報よりも安定している知識や知恵を求めた方がいいのではないでしょうか。

『聖書』や『論語』のことばには、偉大な人々の思いだけでなく、それを2000年以上受け継いできた多くの人たちの思いが乗せられています。

ことばは、人の思いが形になったもの。

『聖書』も『論語』も暗誦にふさわしいので、心を強くする暗誦をおすすめします。

「技」に懸ける気持ち

剣豪・宮本武蔵の『五輪書《ごりんのしょ》』には、敵を討つ場合の体勢について説明したり、敵の身になって考えなさいと述べたりしたあとで、「よくよく吟味すべし」「よくよく鍛錬すべし」「よくよく工夫すべし」と書かれています。

「吟味」「鍛錬」「工夫」は『五輪書』に頻出するので、武蔵にとっては重要な概念だったのでしょう。

また武蔵は、同書でこんなことばも残しています。

千日《せんじつ》の稽古《けいこ》を鍛《たん》とし、萬日《まんじつ》の稽古《けいこ》を錬《れん》とす

（『五輪書』宮本武蔵　高柳光壽校訂　岩波書店）

千日も万日も練習し続けることで、意識せずとも剣を振るえるようになり、「技」が「型」

になると武蔵は考えていました。

「鍛とし」「錬とす」とは「鍛錬」のことで、厳しい修業によって心身ともに強くなることです。

何万回もの練習で技が自分のものになるからこそ、いざという実戦で使えるのです。

武蔵の「技」に懸ける気持ちも、信じる力だと思います。

2024年のパリオリンピックで、柔道女子48kg級の金メダルを獲得した角田《つのだ》夏実選手は、関節技の「腕ひしぎ十字固め」をひたすら練習していたそうです。

相手の腕を自分の足で挟んで動きを止める技で、柔道の中では比較的、格闘技的な技と言えるでしょう。

角田選手は、ともえ投げのあと、寝技に持ち込んで関節技をかけるという一連の流れを何度も何度も練習していたので、対戦相手から研究し尽くされていました。

それでもその技で勝利し、金メダルをつかみ取ったのです。

誰に何と言われようとこの技に懸けるという気持ち、この技を信じる気持ちの強さが、対戦相手の研究成果を上回ったのだと思います。

オリンピックという、世界最高峰の舞台で力が発揮でき、最高の結果につながったということは、**自分を信じて鍛錬することがいかに人を強くするのかがわかりますね。**

オリンピック選手は、選手として選ばれるだけでもすごいことです。

それだけで誇りが持てますし、自信も持てるはず。

ですが、いざオリンピックの試合の場に立ったときは、「大丈夫だから自信を持て」と言われても難しいでしょう。

そんなときこそ、繰り返し練習してきた技、自分が信じて突き詰めた技が、自信の糸口になってくれるのです。

テニスプレイヤーのノバク・ジョコビッチ選手は、マッチポイントを取ったり取られたりするギリギリの局面で、すばらしいプレイをします。

怖気づいたりためらったりしない、思い切りのいいプレイが魅力の選手です。

ジョコビッチ選手も、自分のショットを信じているのです。信じているからこそ、思いっきり振り切れる。

鍛錬が足りないと、自分を信じ切れずにミスをしてしまうのですが、危なげないジョコビッチ選手のプレイは、見る人に勇気を与えてくれます。

体の力を抜いてプレイする

体を合理的に動かす「野口体操」を生み出した野口三千三《みちぞう》さんは、体の力を抜いてリラックスすることをすすめました。

体の力を抜くには、その前にしっかりと体の重さを感じること。

体の重さとは、重力のことです。

つまり、リラックスするためには、足の裏が地球の中心から引っ張られているような感覚を持ってから、体の力を抜くことが大切だということです。

わたしは野口体操の教室に通っていました。

前述したリラックス法も教室で実践していて、何回か繰り返していると、確かに地球の中心から引っ張られている感覚がわかるようになりました。

もう一つ力を抜くエクササイズが、立って上体を前に折り曲げて、上半身をブラブラさせるというもの。

これも、しばらくやっていると体がリラックスしてくるのがわかります。

わたしが野口体操の教室に通ったのは、テニスが上手になりたいからでした。

テニスの上達には、上手に体の力を抜くことが必要です。

上手な人とそうでない人の違いは、手首の力が抜けているかどうか。手首の動きが硬いと、ボールが思った方向に飛びません。

ラケットの重さを感じながら、手首をしなやかに動かしてラケットを振るといいのです。

わたしがテニスを始めたのは中学生のとき。高校時代には、テニスを通して悟りを得られないかと考えました。

ヨガとテニスを組み合わせることで、ゆっくり呼吸をして脈拍を40くらいまで落とし、肩の力を抜き切って、プレッシャーに強い心を作ろうと試行錯誤していました。

テニスはとても楽しいスポーツなのですが、少しでも体に無駄な力が入ると途端にできなくなります。

はやる気持ちを捨て、体の力をすっかり抜き、自然に任せることで、上手なプレイができるのです。

テニスにおいて体をどう取り扱うかは、『インナーテニス』(ティモシー・ガルウェイ　後藤新弥訳　日刊スポーツ出版社)からも多く学びました。

著者のガルウェイは「インナーゲーム」という概念を提唱していて、これは心の内側で起こっているゲームのことです。

例えば、心の中にいる自分が「お前はヘタだな」「どうしてこうしないんだ」と自分を攻撃してくる、その声を「セルフ1」と呼んでいます。自分自身が生み出した「セルフ1」によって、実際のプレイで失敗してしまうのです。

「セルフ1」を黙らせるには、著者が「セルフ2」と呼ぶ体の声（無意識の部分）を聞かなくてはならないのです。

あるいは、ボールがバウンドするときに「バウンス」と声に出す、ラケットがボールに当たるときに「ヒット」と声に出すと、そちらに意識が向くので、セルフ1にかまっている暇はなくなります。

こうしてセルフ1を黙らせることで、本来の力が発揮できるようになるのです。

数を絞り込んで冷静に

武道では、先ほど述べた臍下丹田に象徴されるように、腰を据えて肚《はら》を決めて体を鍛えてきました。

これを、わたしは著書の中で「腰肚文化《こしはら》」と呼びました。

わたしは中学生のころからテニスをやっていて、テニスのコーチにも「力を入れるのは臍下丹田と足の裏だけ。あとはリラックス」と教わりました。

その体勢が、人間にとっての自然体なのです。

自然体とは、何もしない自然な体という意味ではなく、訓練して身に付けるリラックスした体のあり方のことです。

緊張したり気合が入りすぎたりすると、肩に力が入ってしまいます。

肩に力が入った状態では体が縮こまってしまい、柔軟さが失われます。

腰や肚に力を集中させることで、下半身は力が充実していて上半身はリラックスするという、「上虚下実《じょうきょかじつ》」の自然体が作れるのです。

緊張したり不安になったり恐怖心を抱いていたりすると、対峙する相手や問題が実際以上に大きく見えてしまい、ますます対応できなくなることがあります。

わたしは、教えている大学でしばしば学生から相談を受けます。教員養成のカリキュラムを担当しているので、教育実習現場でのトラブルや就職活動中の失敗などの相談が多くあります。

「先生、もうダメです。どうしていいかわからないんです」

とパニックになっている学生もいます。

そんなときは、机に白い紙を一枚置いて、今起きている事柄を書き出します。

A・B・Cという三つの問題が同時に起こっているとして、それを箇条書きにし、Aについてやらなくてはいけないこと、その中ですぐにできること、誰かに確認したり指示を仰いだりしないとできないことなどを、ヒアリングしながら書いていきます。

B・Cについても同様に整理し、紙の上に問題が並ぶと、悩んでいることの全体像が見えます。

ここまで来ると、だいぶ気持ちが落ち着くんですね。

学生が、それを冷静に眺めて「今すぐできることは○○なので、まずはこれをやってみます」と言うころには、やることも気持ちも一つにまとまっています。

あまりに事柄が多くて、なおかつそれらが入り組んでいると、どこから手をつけていいのかわからず、一つの大きなかたまりのように襲ってくる感じがします。

それを丁寧に解きほぐしてあげるだけで、初めの一歩を自分でつかみ取ることができるのです。

そうすると、心は少し強くなります。

選択肢が多いことは一見豊かに見えますが、選べることで心が揺れ動いてしまうので、**リラックスした、いい心の状態を保つためには、数を絞り込むことも大切です。**

柔道男子60kg級で、オリンピック3連覇した野村忠宏さんと対談したとき、野村さんは小さいころから背負い投げを徹底的に練習してきたと言っていました。

ですから、背負い投げは無意識にできる。ただ、それだけだと相手に読まれてしまうので、他に二つくらいの技を練習し、自分の核となる技を築いたそうです。得意技が三つで、その中の一つが図抜けて得意という状態ですと、対戦相手が何を仕掛けてきても切り返せるので、３連覇という偉業を達成できたのです。

世界一になるためにはあれもこれもできるようにならなければと思いがちですが、得意なことを絞り込んで極めていく方が、確実なのかもしれません。

辞世の句という美しい文化

心の下に文化を置くにあたっては、信じるに足る文化を選ぶことが大事です。**どんな文化を選ぶかによって、人となりや生き方に影響するからです。**

かつての武士は、前述したように、子どものころから武士の文化を叩き込まれるので、武士以外の何者でもないような人格が形成されます。

江戸時代後期の武士であり、思想家・教育者でもあった吉田松陰は、明治維新で活躍した志士たちを育てたことでも知られています。

吉田松陰の遺書である『留魂録《りゅうこんろく》』に記された一首。


身はたとひ武蔵の野辺に朽《くち》ぬとも留《とど》め置《おか》まし大和魂

（『留魂録』吉田松陰　松下村塾）


例え、自分の体が武蔵野の野原で朽ち果てたとしても、心の奥にある大和魂は、この世にとどめておきたい、という意味です。

この考えは、まさに武士です。

魂だけはここに置いていくから、皆受け継いでいってくれという思いを、後進に贈ったのです。

命が終わる間際に短歌や俳句をメッセージとして残すというのも、一つの文化です。

短歌や俳句といった短詩型文学は、定型で制限があるからこそ、凝縮した感情を込めやすいのです。

そして、本来ならば死の恐怖に打ち震えているであろうときだからこそ、その感情は受け取る人の心に迫ってくるのです。

辞世の句は、日本独自の美しい文化の一つと言えます。

吉田松陰の「松下村塾《しょうかそんじゅく》」で学んだ高杉晋作の辞世の句も、有名です。

おもしろきこともなき世をおもしろく

（『高杉晋作のすべて』古川薫編　新人物往来社）

その後に、友人の野村望東尼《のむらもとに》がこう続けて短歌にしたとされています。

すみなすものは心なりけり

（『高杉晋作のすべて』古川薫編　新人物往来社）

おもしろいことがないんだったら、自分でおもしろくすればいい。おもしろいかおもしろくないかを決めるのは、自分の心なんだから、という意味です。

高杉晋作は、幕府という旧体制の組織を壊し、新しい社会を作って歴史を変えるという強い思いを持っていました。

人生の最後に残したことばからは、その人がどんな文化を学び、吸収したかが伝わってくるようです。

もう一つ、ふっと微笑んでしまう辞世の句をご紹介します。

浮世絵「富嶽百景」で知られる葛飾北斎の句です。

ひと魂《だま》でゆく気散《きさん》じや夏の原

死んだあとは、人魂になって気晴らし(気散)に夏の野原を飛んでゆこうという意味です。

北斎は、75歳のときに「画狂老人卍《がきょうろうじんまんじ》」という画号（書や絵画など創作物のための名前）

を使いました。

そこには、老いても絵を追求するという覚悟と、北斎らしいちょっとした自己諧謔が見て取れます。

北斎は長い間描く「技」を修練していて、自分の「技」をとことん信じていました。80歳、90歳とさらに成長し、100歳を超えたら納得のいくものが描けるようになるだろうと言っていたのです。

しかし北斎が亡くなったのは90歳。大往生ですが、北斎にとっては、まだまだうまくなれるという思いだったことでしょう。

北斎は浮世絵という文化を信じ、浮世絵を描く自分を信じ、修練して成長することを最後まで信じていた。その強さが、作品にも表れていますね。

福沢諭吉のメンタルの強さ

福沢諭吉はとても開明的な人物で、『福翁自伝』という著書の中で「門閥制度は親の敵《かたき》で御座る」と書きました。

門閥制度とは封建時代の制度のことで、家柄により世襲制で将来が決まるという仕組みです。

ひところは「親ガチャ」ということばが流行《はや》りましたが、昔の方がはるかに「親ガチャ」「家ガチャ」の要素が強く、どんなに優秀でも、どんなに努力しても、生まれながらに生きる道は決まっていたのです。

諭吉は前近代的な門閥制度を否定し、明治の時代は平等な社会であるべきと主張しました。**それが、有名な『学問のすすめ』の冒頭のことばです。**

天は人の上に人を造らず人の下に人を造らずと云へり

（『福澤全集　巻二』福澤諭吉　時事新報社）


本来、人は平等であるということを明言しました。

しかし、この一文のあと、それでも現実には歴然とした差があるのはなぜなのか？　という問いを立てます。

その理由として諭吉は「学ぶと学ばざるとに由て出来るものなり」と言い、**学ぶことが必要だということで『学問のすすめ』なのです。**


冒頭にも述べたように、諭吉は開明的な人間です。

しかし、本人が後年になって明らかにしたのは、新しい明治の時代に入ってからも「居《い》合《あい》」を日課にしていたということ。

居合とは、素早く刀を抜いて切りつける技のこと。武術の一つです。

封建制度を否定し、平等な社会を訴えていた諭吉が武術を日課にしていたとは意外な気もしますが、納得できる部分もあります。

明治維新が起きたころ、諭吉は30代。すでに人格形成が終わった立派な大人です。体に刻み込まれているのは前近代的な武士の技ですが、蘭学を学び欧米視察にも精力的だった諭吉の頭脳は、極めて開明的だったのです。

矛盾する二つの思想を自身の中に溶け込ませ、説得力のある社会批評や教育に力を入れた諭吉は、とてもメンタルが強い。

自分を信じる力が並大抵ではないのだと思います。

諭吉は子どものころから合理的な考え方をしていたようで、『福翁自伝』の中にはこのような記述があります。


卜筮《うらない》呪詛《まじない》一切《いっさい》不信仰《ふしんこう》で狐狸《きつねたぬき》が付くと云ふやうなことは初《はじ》めから馬鹿《ばか》にして少しも信《しん》じない子供《こども》ながらも精神《せいしん》は誠《まこと》にカラリとしたものでした

（『福翁自伝』福沢諭吉　時事新報社）

わたしは占いやおまじないなどはいっさい信じないし、キツネやタヌキが取り付くようなことも馬鹿にして信じないような子どもで、精神はカラリとしていた、という意味です。子どもにしてはちょっとかわいげがないようにも思いますが、そのくらい合理的な考え方だったということですね。

占いなどに一喜一憂せず、嫌なことや辛いことをいつまでも引きずることなく、我が道を行くという感じだったのでしょう。

このエピソードからしても、諭吉の精神的な強さ、自分を信じる力を感じます。

執着を削ぎ落とす

わたしの祖父母は明治生まれで、子どものころに接していて感じたのは、独特な空気感があるということ。

常に体がしゃんとしていて、芯の強さを感じました。

おまけに体も強くて、父方の祖母は子どもを10人産み育てました。

今でしたら大きなニュースになるところですが、当時はそれほど珍しいことでもなかったようです。

母方の祖母は、高齢になってからもよく歩いていました。3キロくらいなら、平気で歩くことに驚きました。

94歳で亡くなりましたが、聞いた話によると、お昼ご飯を食べようと食卓について、体を真っすぐにして座ったまま亡くなったそうです。

精神も体も強いのですが、今のわたしたちとは人としての基準が違うように思います。

人に迷惑をかけない、人の世話にならない、すべて自分でやるという覚悟は、やはり生きてきた時代が作ったもののような気がします。

明治の人たちと同じように生きることはできませんが、**見習うことがあるとしたら、心**

の移り変わり、心の揺れ動きを小さくするということでしょう。

仏教では、**心が乱れるのは執着があるからだとされています。**執着をなくせば、揺れ動くことも乱れることも少ない。

例えば、誰かに大きな期待をかけているとします。

相手が期待に応えないと、裏切られたと思い、心は乱れます。

こんなに信じていたのに、こんなに期待していたのに、なぜ……と。

この場合の期待は、相手のための感情ではなく、**自分の執着です。**言ってみれば、相手にとっては何の関係もない。

ですから、執着する気持ちを削ぎ落としていき、心を平安に保つというのが仏教の肝《きも》なのです。

欲や煩悩があると、迷いが生まれて辛くなる。それらが生きるモチベーションになることもありますが、むしろ心を不安定にするのであればない方がいいのです。

ブッダの考えは、修行によって欲を落としていくということ。

ですが、ブッダはあまりに無理な修行はすすめていません。

ブッダは悟りを開く前、数年ほど苦行を続けました。しかし、それで悟りを開くことはできなかったのです。

苦行は悟りの道ではないと思ったブッダは山を下り、疲れ果てて横になっていたところ、たまたま通りがかったスジャータという娘が心配し、粥をくれました。

そのおかげでブッダは回復し、改めて悟りを得る道に進んだという話があります。

欲を手放すことは必要ですが、苦しんでまですることではありません。

執着をなくすのは心の平安を保つためなので、苦行とは相反するのです。

命が維持できるように、心身ともに穏やかな状態を保ったうえで、余剰の欲を削ぎ落としていくのがいいのかもしれません。

いいバランスが、心の揺れ動きを最小限にとどめてくれるでしょう。

大地のエネルギーをもらう

19世紀ロシアの文豪ドストエフスキーによる不朽の名作『カラマーゾフの兄弟』の中に、聖人と呼ばれるゾシマ長老の逸話があります。

ゾシマ長老は、若いころは自由奔放に生きていたのですが、あるときに啓示を受け、信じる気持ちに目覚めたことで、生き方が大きく変わります。

そしてカラマーゾフ3兄弟の末弟・アリョーシャは、聖人とされるゾシマ長老に心酔していきます。

やがて、ゾシマは亡くなってしまいます。聖人の遺体は腐らないとされていたのに、ゾシマの遺体から腐臭がし始めます。

ショックを受けたアリョーシャの心は揺らぎます。

周りの人たちも、もしかしたらゾシマは聖人ではなかったのかもしれないと、動揺を隠せません。

そんなとき、アリョーシャは大地にうつ伏せに倒れ込んで、大地を抱きしめます。

大地を感じ取ったアリョーシャが再び立ち上がったとき、アリョーシャの心は揺れ動くことなく、しっかりと定まっていました。


この物語を高校時代に読み、わたしは感銘を受けました。

アリョーシャは、迷いもあり、不安もあり、傷つきもしたけれど、**大地に伏した瞬間にそれらのネガティブな感情から解き放たれて、精神が一つ上のステージに行ったんですね。**

そうか、大地のエネルギーをもらうという方法があるのか、と思いました。

信じるものがない人間は、どんなに知的に優れていたとしても、外部にかき乱されて混乱してしまいます。

ですが、アリョーシャのように、大地に伏せることで心を強くすることができるのです。

自然と共鳴する

もう一つ、ドストエフスキーの名作に『罪と罰』があります。

主人公のラスコーリニコフは、大学に通っていた頭のいい人間ですが、お金がなくて除籍処分になりました。そのうえ仕事もなくて、イライラしていました。

あるとき、金貸しをしている老婆を殺してお金を奪います。

ラスコーリニコフは傲慢な人間で、お金は、強欲な老婆が使うよりも自分が使うべきなのだという自己中心的な論理を展開します。

ですが、家族を支えるために娼婦になったソーニャという娘と出会い、自分の犯した罪を告白します。

するとソーニャは、大地にひざまずいて接吻をしなさいと言います。そして、自身の罪を大きな声で告白しなさい、と。

そこからラスコーリニコフは改心していくんですね。

ソーニャはとても信心深い女性です。信じるものがあるがゆえに、心が真っすぐに保たれています。

ですが、ラスコーリニコフには信じるものがありませんでした。自分の心だけに関心があって、世間が、社会が、自分を評価しないことに対して恨みを持っていました。

だから、殺人という行為を止める何かがラスコーリニコフの中になかったのです。

ソーニャによって大地に接吻することをすすめられ、そこで初めてラスコーリニコフは自分の罪を認識し、後悔し反省します。

ドストエフスキーの作品によって、信じるものがある人とない人の大きな違いが、よくわかります。

何を信じるかは人それぞれ異なりますし、信仰も違います。ですが、**信じる心のあり方には、共通するものがあります。**

そして、信じるもののない人の不安や迷い、あるいはラスコーリニコフのような傲慢さにも共通するものがあるでしょう。

何を信じればいいかわからないときは、大地に触れるのがいいのかもしれません。自分よりもはるかに雄大な大地。地球の歴史を考えたら、46億年という悠久の時間を刻んでいる大地。

大地からエネルギーをもらい、信じる強さに変えていく。心が平穏になる感じがわかりますね。

宮沢賢治は法華経を熱心に信仰していて、よくお経を唱えていました。

法華経を信じ、熱心に勉強した賢治は、法華経そのものを物語にしたのではなく、教えを自分の中に刻み込んで「技」にし、それを想像力でふくらませて童話という形に昇華させました。

賢治は、時折、友だちを何人か誘って夜中に岩手山に登り、そこでもお経を唱えていたそうです。

そのときの思い出が書かれた本があって、それによると賢治の声は堂々とした太い声で、真夜中の山頂に朗々と響き渡ったそうです。

賢治は、信じるものがあったからこそ後世に残る作品を生み出すことができたのだと思います。

また、ふるさとの山と共鳴するように、信じる力を蓄えていったと言えるでしょう。

変わらずそこにある安定感

日本人にとって、もっとも馴染みがある山は富士山。

富士山がきれいに見えた日は、いいことがありそうな気がしますよね。

わたしは生まれも育ちも静岡で、毎日富士山を眺めながら生活をしていました。

あまりに毎日見ていたので、子どものころは、わざわざ富士山を見て拝む人の気持ちがわかりませんでした。

ですが、大人になると、富士山を前にして自然と手を合わせる気持ちがわかるようになりました。

富士山が日本人にとって特別なものである証拠に、古くからさまざまな芸術に取り上げられていました。

日本最古の物語とも言われる『竹取物語』にも、富士山が登場します。

物語のラストで、富士山の名前の由来として二つの説が語られます。

一つは、帝の使者が多数の「士」とともに登ったから「富士山」となったという説。

もう一つは、月に帰ったかぐや姫が置き土産として残した「不死」の薬を山頂で焼いたから「富士山」になったという説。

いずれにしても、富士山が特別な山ととらえられていたことがわかります。

万葉集や古今和歌集、百人一首などの和歌にも、富士山は頻繁に詠まれています。

また、葛飾北斎の浮世絵「富嶽百景」は、まさに富士山を題材に描いたものですし、太宰治も「富嶽百景」という短編小説を書いています。

東京には「富士見坂」という名前の坂が多くあるのですが、江戸時代には、確かに富士山が見えたそうです。

ここから富士山が見えますよ、という意味で、坂の名前にしたのでしょう。

富士山が見えるということは、とても貴重でありがたいことだったんですね。

富士山の良さは、大きいこともさることながら、どんなに人の心が揺れ動いたり変わったりしても、変わらずそこにあるという存在感です。

日本には昔から山岳信仰がありましたので、山に対する思いはひとしおなのだと思います。

ですが、自然なら何でも同じというわけではありません。

わたしは川の近くで育ちましたが、川というのは、心と体を預けるにはちょっと心もとないんですね。

古代ギリシャの哲学者・ヘラクレイトスは、「パンタ・レイ（万物は流転する）」という考えを提唱しました。

ヘラクレイトスは、同じ川に二度入ることはできないとも言っていますが、川は常に流れているので、変化の象徴みたいなもの。

時に増水したり、時に氾濫したりするので、気持ちが落ち着きません。

平安時代末期から鎌倉時代にかけて活躍した随筆家の鴨長明が、『方丈記』の冒頭にこう書きました。

ゆく河《かわ》の流れは絶えずして、しかももとの水にあらず。

（『新編　日本古典文学全集44　方丈記　徒然草　正法眼蔵随聞記　歎異抄』小学館）

川は常に流れていて、元に流れていた水ではない、という意味です。

山と川の違いについては、孔子が『論語』で明確に区別しています。

知者《ちしゃ》は水《みず》を楽《この》み、仁者《じんしゃ》は山《やま》を楽《この》む。知者《ちしゃ》は動《うご》き、仁者《じんしゃ》は静《しず》かなり。知者《ちしゃ》は楽《たの》しみ、仁者《じんしゃ》は寿《いのち》ながし。

（『論語』齋藤孝訳　ちくま文庫）

知的な人は変化を好み、誠実な人は安定を好む。知的な人は人生を楽しみ、誠実な人は長生きするという意味です。

心を安定させるためには山がいいというのは、古くから、国を問わず、共通する考えだったようですね。

第四章　世を照らす松明を次世代に託す

ソクラテスの「無知の知」

古代ギリシャの哲学者・ソクラテスは、国家の秩序を乱したという罪で不当な裁判にかけられ、死刑がくだされてしまいました。

その裁判の様子は、**弟子のプラトンが書いた『ソクラテスの弁明』という本で知る**ことができます。

『ソクラテスの弁明』の白眉は、被告として裁かれているソクラテスの方が堂々としている点です。

自分は覚悟を持ってここに立っている。若者たちを惑わせたとか、神（国家が認める神）への不敬とか、そんなことはしていない、という姿勢なので、むしろ他の人たちが小さく感じられるほどです。

ソクラテスがなぜ有罪とされたのか、**その大本にあるのが「デルフォイの神託」**です。

ソクラテスを信じる者が、デルフォイの神殿で「ソクラテスよりも賢い者はいない」という神託を受けました。

それを聞いてソクラテスは驚きます。

自分自身をそんなふうに思ったことはない、と。

それを否定するには、自分よりも賢い者を探すしかありません。

そこでソクラテスは知者（知識のある人、賢い人）と言われている人を訪ね歩き、問答を通して見つけようとしたのです。

例えば、「正義とは何か」についてわかっているという人がいれば、その答えについて「○○というのはどういうことか？」と掘り下げていきます。

相手の答えを掘り下げることによって、また新たな答えを生み出させようとするソクラテスの手法は、「産婆術」と呼ばれています（ちなみに、「産婆術」という名称は、ソクラテスの母親が産婆だったことに由来しています）。

ですが、皆がそれぞれの得意分野や専門分野の知識があることはわかったのですが、どれだけ問答を繰り返しても、ソクラテスの考える「知恵」を持っている者はいなかったのです。

ソクラテスの結論は、**「自分は何も知らないが、何も知らないことを知っている点で彼らよりも賢い」ということ。**

これが、有名な「**無知の知**」です。

ソクラテスは、あくまでも冷静に、論理的に問答していたのですが、周囲の人たちからは煙たがられます。

そして、ソクラテスが若者たちを扇動している、間違った方向に導こうとしている、という罪を着せられるのです。

不当な裁判によって死罪に問われたソクラテス。

無念の思いで投獄されているときに、ソクラテスを信じる人から脱獄をすすめられます。

しかしソクラテスは、不正をされたからといって不正で返してはいけない、決して不正を行ってはいけないのだと言って、脱獄を断ります。

そして、ソクラテスは獄中で毒杯をあおって亡くなるのです。


なぜ、そんなことができたのか。

ソクラテスは、魂の不死を信じていたからです。

肉体はこの世の仮のものであるけれど、**魂は生き続ける。**そう信じていたのです。

『ソクラテスの弁明』を読んで、信じるということの強さに圧倒された記憶があります。

魂のお世話をする

ソクラテスは「**魂の世話**」**ということば**を残しています。これも、プラトンの『ラケス』という作品に登場します。

若者たちの魂の世話をする、という文脈で使われています。

わたしは教育学を専門にしているので、「魂の世話」という考えがとてもすばらしいと思いました。

大学の授業の中で、教員を目指す学生たちに「教育とはどんな仕事でしょう?」と問うことがあります。

彼らなりにいろいろな答えを返してくれるので、わたしもはっと気づかされることがたくさんあります。

わたしの答えは、**「魂のお世話をすること」**です。

子どもたち、若い人たちの魂は、丁寧にお世話する必要があります。

そうでなければ、自分で自分を傷つけてしまったり、自己肯定感が持てずに自己否定に走ってしまったりするかもしれません。

植物を育てるのも同じです。芽が出たときに、どれだけ丁寧に世話をするかで、その後の生長具合が変わります。

子どもたちも、毎日見ているとそんなに変化を感じないかもしれませんが、心を込めてお世話をすることで、確実に積み重なっていくものがあるはずです。


心理学者の河合隼雄さんは、援助交際をしていた10代の少女たちに、**「そういうことは魂に悪いからやめなさい」**と言ったそうです。

本人たちは、自らすすんでしていることだから、特に傷つくこともないし、お金ももらえるし、損をするわけではないからいいと思っていたかもしれません。

今のことだけ考えると、そういう結論になるのでしょう。

ですが、長い目で人生を考えると、そのことを後悔する日が必ず来ます。

自分の大切な何かを簡単に人に差し出す行為は、自分で自分を軽んじることになり、自己否定につながるのです。

それを河合さんは「魂に悪い」と言ったんですね。

教育において「魂の世話をする」ことを意識しているわたしにとっては、とても腑に落ちることばでした。

不正をせず正義を守る

ソクラテスの「魂の不死」ということばも、この世を生きるうえでとても大事なことばだと思います。

この場合、魂の不死について科学的に議論することにあまり意味はありません。そのように考えるか否か、ということであって、科学的に正しいか否かではないからです。

魂の不死を信じる人と信じない人がいたときに、どちらが強く楽しく生きられるかと言うと、わたしは前者だと思います。

魂の存在を信じ、魂が生き続けることを信じていたら、何が起きても怖くありません。

死ぬことすら怖くないでしょう。

ただ、魂が生き続けるからといって、肉体を粗末にするということではありません。

不当に罪を着せられたソクラテスは自ら死を選びますが、肉体を軽んじたわけではないのです。

不正を犯さず正義を大事にするという価値観を持っていて、その価値観を守ることが何よりも優先されることでした。

そういう**価値観を持つ魂を守ることが、ソクラテスにとって真に生きることだった**のでしょう。


可能なら、永遠に生きたいと思う人は多いでしょう。特に権力を持つ人にはその傾向があると思います。

残念ながら、それは不可能です。不老不死は、最新医学でも達成できていません。

いつか来る命の終わりを思うと、悲しくも寂しい気持ちになります。

しかしソクラテスは、魂をより良いものにすることを生涯の目標にしていたので、ブレがありません。

何かを選ぶときも、基準は魂にとって良いか否か。だから、迷ったり悩んだりすることがないのです。

これも、信じる力のなせる技でしょう。

わたしはこれまで、プラトンの書いたソクラテスについての本を多く読んできました。そこに書かれているのはプラトンから見たソクラテスですが、読者はソクラテスそのものを知ることができるのです。

ことばというのはすばらしいもので、ことばによってソクラテスの魂をかなり理解することができるのです。

もし、無声映画のようなソクラテスの映像があったとしても、これほどまでに近く感じられるでしょうか。

ことばだからこそ、何千年も継承されてきたのだと思います。

巨大な個性

以前、『声に出して読みたい新約聖書〈文語訳〉』（草思社文庫）という本を出版したこともあり、今も折に触れて『新約聖書』を読んでいます。

『新約聖書』のおもしろさは、イエスの人格がリアルに感じられるところ。

どの話を読んでも、ありありとイエスが浮かんできます。人格の統一感があるので、他の誰でもない、イエスが話していることがよくわかるのです。

当時のままの存在感に、現代のわたしたちも触れられるというのは、とても幸運なことです。

このリアルさは、ブッダや孔子、ソクラテスも同じ。文章を読めば、「ああ、やっぱりこの人だ」と思えるのです。

もちろん、記録した人も上手なのですが、何と言っても**「巨大な個性」の賜物**でしょう。

例えば、ゾウの絵を描くとします。

絵の苦手な人が描いたとしても、あの長い鼻を描けば、ゾウだということはわかります。

つまり、文章においても、よほどの人格と強い個性があれば、どんな人がどう語ろうともその人でしかありえないのです。

一つ一つのことばやエピソードが独自で、かつリアルで統一感がある。おまけに含蓄と説得力もある。

また、**イエスのことばには、キレ**があります。

人の生《い》くるはパンのみに由《よ》るにあらず

求めよ、さらば与へられん
狭き門より入《い》れ
一粒の麦、地に落ちても し死なば、多くの果《み》を結ぶべし
与ふるは受くるよりも幸福《さいわい》なり

（『声に出して読みたい新約聖書〈文語訳〉』齋藤孝　草思社文庫）

格言であり箴言であり、励ましであり温かいメッセージのようでもあります。長々と説明するのではなく、端的なことばで言い切る。**深く考え抜かれたことばだからこそ、わたしたちは心から信じ、支えにしていけるのだ**と思います。

信じることのベースには、長い間継承されてきた文化や伝統があります。キリスト教も、二千年も継承されてきた文化です。

信じるという行為は、個人で実践するもののようでいて、じつは伝統の中で行われてき

たものなのです。

長くて深い歴史があるから、信じることで心が安定するのですね。

揺らぎや迷いがあったとしても、**伝統や文化の中に身を置くことで、ネガティブなものから解放されます。**

それが、信じる力と言えるのではないでしょうか。

たった一人で前に進む仏教

般若心経は、今も人気があります。

わたしは、20歳くらいのときに高野山の読経のテープを聞いて、リズムの良さや音楽的な魅力に惹かれました。

今思うと、日本において般若心経の幸いでもあり不幸でもあったのは、漢訳が入って来たこと。

漢訳の般若心経が、8世紀に遣唐使によってもたらされたことは幸いでした。

しかし、**日本では漢訳を音読みしたので、意味がわかりにくくなるという難点**があったのです。

般若心経を、サンスクリット語から漢訳したのは中国の僧・玄奘、三蔵法師です。

玄奘がインドから般若心経を持ち帰り、漢訳したおかげで現代のわたしたちも読むことができているので、ありがたいことではあります。

のちに、インド哲学者の中村元先生がサンスクリット語から日本語に訳してくれたおかげで、より読みやすくなり、意味が取りやすくなりました。

奈良時代、724年に即位した聖武天皇は、国内のさまざまな災いに悩まされていました。

地震、凶作、政情不安に加え、天然痘の流行もあり、なんとかして国を鎮めなければと考えた聖武天皇は、仏教によって国を治める鎮護国家を実践します。

全国に国分寺・国分尼寺を建て、奈良の東大寺に大仏も建立します。

大きな大仏の力によって国を治めようと考えたのです。

ですが、本来仏教は国を守るものとして生まれたのではありません。

個人が信仰するものとして生まれたのが仏教なのです。

ブッダは、「犀《さい》の角のようにただ独り歩め」と言っていて、これは何かに寄りかかることなく、たった一人で前に進みなさいということ。

ただ、人智の及ばない厄災が続いたことで、仏さまにすがりたいと思った気持ちはわからないでもありません。


日本では、個人も国も仏さまにすがる仏教の文化が根付いたのです。

「南無阿弥陀仏」で救われる

浄土宗は仏教の宗派の一つで、日本では、1175年に法然によって開かれました。

阿弥陀仏という仏さまを信じ、「南無阿弥陀仏」という念仏を唱えると、極楽浄土に行けるという教えです。

これがブッダの考えの本質かと問われると、ちょっと違うかもしれません。ブッダは浄土が良いところだとは言いましたが、極楽に行くことを強調したわけではなかったからです。

ですが、**「南無阿弥陀仏」と唱えれば救われるというシンプルなあり方が庶民に響き、人口に膾炙《かいしゃ》しました。**

浄土宗では修行は必要ありません。たった1回、本気で「南無阿弥陀仏」を唱えれば救われる。極楽浄土行きが約束されるのです。

この世は苦しくて辛いかもしれないけれど、必ず極楽浄土に行けると思えば、心が強くなりますよね。

情報にあふれた今の時代、「極楽浄土」を具体的にイメージし、信じることは難しいかもしれませんが、**当時の人たちは「極楽浄土（西方浄土）」を心底信じていたので、西の**

方に向かって拝んでいたのです。

小林一茶の句に、「年よりや月を見るにもナムアミダ」があります。

一茶は江戸時代の人ですが、江戸時代にも「南無阿弥陀仏」を唱えるお年寄りが多くいたとすれば、**極楽浄土を信じる力の強さ、時間の長さを思い知らされます。**

また、一茶は「ともかくもあなた任せのとしの暮れ」という句も作っています。

「あなたまかせ」とは他人任せという意味ではなく、「あなた＝阿弥陀仏」にすがるということ。

江戸時代、物を買うときには「ツケ」が一般的でした。一年間のツケをすべて清算するのが大晦日です。

ですから、年の暮れになると、庶民はお金の工面に四苦八苦していたのです。

どんなにがんばっても、大晦日までに支払うお金を用意できない（用意できないからといって、翌年に持ち越すことはできません）人たちは、「とにかく、阿弥陀仏を信じてすがるしかない！」という気持ちになったんですね。

それがどれだけ功を奏したかは不明ですが、**信じる力で乗り越えようとした江戸の庶民**の気持ちは伝わってきます。

親鸞の無敵さ

法然が開いた浄土宗を展開させて浄土真宗を開いたのが、親鸞です。

親鸞の教えを、弟子の唯円《ゆいえん》が書き残したとされているのが『歎異抄《たんにしょう》』です。

わたしは『読んで書く歎異抄　一日一文練習帖　前編・後編』（自由国民社）を出版しまして、けっこう評判がよかったんです。

これは、歎異抄の文章を縦書きでなぞるというもので、浄土真宗を信仰されているかたのみならず、親鸞が好きなかたも買ってくださったようです。

改めて、歎異抄の人気に驚きました。

歎異抄は、文語体であっても、語りかけるような文章なので読みやすくてわかりやすいのが特徴です。

書き写しながら音読することで、親鸞のことばが自分の心に刻まれていく感覚が芽生えるのです。

また、自分の手で書くので、より自分のものになったという実感が持てます。

親鸞の信念をあらわしているのが、次の一文です。

親鸞は、弟子一人《いちにん》も持たず候ふ。

(『新編　日本古典文学全集44　方丈記　徒然草　正法眼蔵随聞記　歎異抄』小学館)

自分には、弟子はいないということを言っているんですね。

なぜなら、皆は阿弥陀仏を信じて念仏を唱えているのであって、自分(親鸞)が唱えさせているのではないから。

親鸞の弟子なのではなく、阿弥陀仏の弟子なのだということです。
言われてみれば確かにその通り、とてもシンプルな考え方です。

たとひ、法然聖人《ほうねんしょうにん》に賺《すか》され参《まい》らせて、念仏して地獄に堕ちたりとも、さらに後悔《こうかい》すべからず候《そうろ》ふ。

（『新編　日本古典文学全集44　方丈記　徒然草　正法眼蔵随聞記　歎異抄』小学館）

これは、例え師匠の法然上人に騙されて、一生懸命念仏を唱えたにも関わらず地獄に落ちたとしても、少しも後悔はしない、という意味です。

地獄は一定住処《いちじょうすみか》ぞかし。

（『新編　日本古典文学全集44　方丈記　徒然草　正法眼蔵随聞記　歎異抄』小学館）

そして、自分はどんな修行をしても仏さまには及ばないのだから、所詮地獄が似合っているのだ、と言うのです。

法然上人を信じ、阿弥陀仏を信じる、その熱量が計り知れないんですね。

ですから、読んでいると親鸞の無敵さが伝わってきます。

念仏を唱えることで極楽浄土に行けるのか地獄に行くのか、自分にはわからないし、法然上人に騙されて地獄に落ちたとしても後悔はない。

なぜなら、自分はもともと自力では悟れない凡夫《ぼんぶ》だからだ、と。

親鸞は、ヤケになって言っているのではありません。

法然上人を信じて信じ切った結果として、こういう結論に至っているのです。

皆が極楽浄土に行きたいと思って「南無阿弥陀仏」を唱えているのに、どこに行ってもかまわない、**信じること自体に価値があると言い切れる親鸞の強さは、時代を超えて多くの人々を惹きつけている**のです。

心にスペースを作る

浄土真宗における「他力」とは、阿弥陀仏の慈悲の力のこと。

「他力本願」と言うと、他人任せで無責任という印象ですが、浄土真宗の「他力本願」は、阿弥陀仏の本願（人々を極楽浄土で往生させようという願い）におすがりするという意味です。

『善の研究』で知られる哲学者・西田幾多郎に「我が子の死」というエッセイがあります。

西田は6歳になる次女を亡くしました。

かわいらしく話したり、歌ったり、遊んだりしていた娘が突如消えて、白い骨になってしまったのはどういうことだろうか。

この悲しみも、年月が経てば薄れると思ったが、まったくそんなことはない。

ああすればよかった、こうすればよかった、と後悔の念ばかりが起こってくる……。

西田は、深い悲しみに苦しみ続けます。

そして、一つの答えを見いだします。

こんなに後悔の念ばかりが起こるのは、「自己の力」を信じすぎているからではないか。

これは運命であり、他力の考えに立つことで、心の重荷をおろすことができる、と。

西田は頭脳明晰で、「西田哲学」と呼ばれる独自の哲学を展開した人ですが、そんな知の極地にいるような人でも、最後は他力に行きつくというのがとても印象に残りました。

西田が浄土真宗を信じているか、どれだけ親鸞に心酔しているかはあまり関係ありません。

重要なのは、**常に自力で学問を切り拓いてきた人が、乗り越えられない悲しみを負ったときに、他力という考え方がフィットし、それによって自分を保つことができた**ということなのです。

一般的には、他力と言うと頼りない感じがするかもしれませんが、心のあり方としてはニュートラルなのかもしれません。

ネガティブな感情で心がふさがっているとき、大きな存在に自分の心の一部を明け渡して、心にスペースを作ることが有用なのではないでしょうか。

もしそれができれば、自分の心に責任を持つ割合が減って、気持ちが楽になるのかもしれません。

現代という時代は、社会の問題もパーソナルな問題も、あらゆる物事が複雑に絡み合いすぎています。

高度情報化社会であるため、さまざまな情報が一気に押し寄せてきて取捨選択が間に合わず、あれもこれもすべて比較検討しなくてはならないと思い込んでしまうからです。

ですので、自力で考えることを一旦リセットして、ニュートラルな気持ちを取り戻してみるといいでしょう。

少しの間、自分から離れてみることで冷静になり、エネルギーのチャージができるのです。

真面目で責任感が強すぎると、自力の呪縛にさいなまれてしまいます。

たまには心を解き放って、深く呼吸する時間を持ってみましょう。

自律神経を整える

1週間が七日で、日曜日を休むと決めたのは、すごいアイデアだと思います。

これがもし十日だったら少し長い。10の区切りは良さそうに思いますが、十進法に引きずられているだけで、体感としては長いような気がします。

では、三日ごとに休むとすると、これはこれで休みすぎですね。

七日というのが、人間の体や活動にとって絶妙なリズムだと思います。

わたしが使っている手帳は、月曜始まりで、1週間ごとに書き込めるようになっています。

それに慣れているので、すべての予定を曜日単位で記憶しています。何日に何がある、ではなく、何曜日に何がある、と覚えています。じつは、曜日単位で覚えていた方が、間違いが少ないのです。

小学校のときから曜日ごとの時間割で過ごしてきましたし、今は大学の教員なので、その感覚が身に付いているからです。

大学で教えることが決まったとき、先輩の先生に時間割の組み方をうかがいました。すると、「週の前半に授業を入れて、週の後半は研究の時間に充てる」とおっしゃっていたので、それに習って組み、今に至っています。

曜日で物事を把握していると、何となく自分の中で曜日ごとの色合いや空気感がわかってきます。

「月曜日の空気」「金曜日の色」というのがあるんですね。

その理由や根拠を説明するのは難しいのですが、わたしの中では確かに感じるものがあります。

ですので、授業の曜日が変更になると、落ち着かない感じがします。

今は週休二日が一般的になりましたが、週に1日休む日を設けるのは、心にとっても体にとっても必要なことです。

休みがなければ、日々のメリハリがありません。

自律神経には交感神経と副交感神経があり、活動しているときは交感神経が優位にはたらき、休んでいるときには副交感神経が優位になります。

その切り替えを定期的にすることで、人間の心と体はバランスよく保てるのです。

わたしは、1日の中でもその切り替えを意識的に行っています。

朝から仕事をして、だいたい夜の21時か22時にはお風呂に入り、それ以降は本を読んだり映画を見たりするなど、ゆったりと過ごすようにしています。

そうすると、緩やかに睡眠に移行できますので、自律神経が整えられるのです。

白隠禅師《はくいんぜんじ》の「軟酥《なんそ》の法」

わたしは10代のころに「自律訓練法」をやっていました。

自律訓練法とは、意識的に体をリラックスさせて、自律神経のバランスを回復するものです。

わたしが実践していたのは、あおむけに寝て力を抜き、「右手が重くなる、重くなる、重くなる……」と右手に意識を向け、次に左手、次に右脚、次に左脚、と順番に重くなる感覚を味わう方法です。

重さを感じたら、次にそれぞれが温かくなるのを感じます。

温かくなったら、次には額がひんやりするのをイメージします。

その一連の流れを感じると、自律神経が副交感神経に切り替わってリラックスした状態になるのです。

この自律訓練法は、江戸時代の僧・白隠禅師《はくいんぜんじ》による「内観法」に近いことに気づき、白隠禅師の著書『夜船閑話《やせんかんな》』を読みました。

白隠禅師は幼いころは体が弱く、3歳くらいでようやく歩けるようになりました。そして11歳のときに母親に連れられて「摩訶止観《まかしかん》」の講義を聞きに行ったそうです。

摩訶止観とは中国の仏教書です。

白隠禅師は、摩訶止観の地獄の描写がとても怖かったようで、お風呂に入ったときに、お風呂のお湯でさえ熱いのに、熱地獄のことを考えたらおそろしすぎると大泣きしたそうです。

幼いころから感受性の強い人だったんですね。

その白隠禅師が、仙人・白幽子《はくゆうし》から教わった方法が、「軟酥《なんそ》の法」です。

「酥」とは、牛乳を煮詰めて作った昔のバターのようなもの。酥のやわらかいものと言っているので、溶けたバターや溶けたチーズのようなものです。

まず、頭の上にバターやチーズがあると思ってください。

それが溶けて、ゆっくりと頭から肩、上半身、下半身と順番に流れ落ちるのをイメージしてみてください。

そうイメージすることによって、体の毒素が流れ落ち、体がリラックスするのです。

軟酥の法の効果についても、『夜船閑話』に白隠禅師の原文が載っているのですが、読むのに骨が折れるので、註釈の内容を引用します。

> 頭頂《ずちょう》より、足《あし》の裏込《うらまで》も潤《うるお》し終《おわ》った軟酥《なんそ》の余《あま》りは、身体《からだ》の周囲《しゅうい》に積《つも》り湛《たた》えて、此《こ》れによって身体《からだ》を暖《あたた》める事《こと》は、恰《あたか》も上手《じょうず》な医者《いしゃ》が、種々《いろいろ》の薬物《やくぶつ》を調合《ちょうごう》して、所謂《いわゆる》腰湯《こしゆ》をして患者《かんじゃ》の腰《こし》を温《あたた》める様《よう》なものである（後略）〈適宜、新字体・現代仮名遣いに修正〉
>
> （『夜船閑話』白隠禅師　高山峻註釈　大法輪閣）

白隠禅師は、軟酥の法を、病を治すものとして実践していたことがわかります。

腰を温めて血流を良くするのは、今も昔も同じですね。

このような方法によって、白隠禅師は恐怖心を乗り越えたり、体を強くしたりしたのでしょう。

自身の弱さを克服し、それを後世に伝えた白隠禅師は、まさに良き師であったのだと思います。

教師は蜜蜂たれ

先生という職につく人は、生徒や学生に対して見返りを求めません。

「こんなに教えてあげたのに」「こんなに相談に乗ってあげたのに」とは思わないものです。

先生と生徒は利害関係にありません。

先生は、生徒に依存することなく自立していて、そのうえで自分の持っているものを惜しみなく分け与える仕事です。

ですので、「生徒が期待に応えなかった、裏切られた」と感じるのも違います。期待するのはいいのですが、期待に応えるという見返りを求めてはいけません。

先生と生徒の関係性を表すいい表現が、ニーチェの『ツァラトゥストラ』の中にあります。「ツァラトゥストラはかく語りき」というタイトルでも訳されていますが、物語は、一人で山にこもっていたツァラトゥストラが自分の思想を人々に伝えようと山を下りるところから始まります。

見よ、わたしはいまわたしの知恵の過剰に飽きた、蜜蜂《みつばち》があまりに多くの蜜を集めたように。わたしはわたしにさし伸べられるもろもろの手を必要とする。

（『ツァラトゥストラ』ニーチェ　手塚富雄訳　中公文庫）

蜜を集め過ぎたから誰かにあげたい。「手を必要とする」というのは、蜜が欲しいと言って差し出される手のことです。

ここで言う蜜とは、知恵や知識のこと。

ツァラトゥストラは過剰なほど知恵や知識を得ているので、それを誰かに分け与えたい、分け与えなければいられないという気持ちなのです。

わたしは、教員を目指す学生たちに「教師は蜜蜂たれ」と言っています。

自分が学んできたことを、惜しみなく生徒たちに分け与える先生になりなさい、ということです。

見返りなんてとんでもない、むしろ受け取ってくれてありがとうという気持ちであるべきなのです。

わたしは、大学が長期休みに入ると、毎年辛い気持ちになります。

2カ月もの間、学生たちに講義ができないなんて、苦しくて仕方ありません。

そのため、夏期講習という形で特別授業を開きます。

そうしないと、学生たちに「これも教えたい」「これも話したい」という内容があふれてしまうのです。

大学の教員は、定期的に「サバティカル」という休暇が与えられます。期間は数カ月から1年ほど。普段は講義で忙しいため、サバティカルを自分の研究に充てるのです。

ですが、わたしはこれまで一度もサバティカルを取ったことがありません。他の先生にはもったいないと言われますが、わたしにとっては講義ができないことの方がもったいないのです。

だからといって、講義の相手は誰でもいいわけではありません。

わたしの知識や知恵、伝えたい思いをしっかり受け止めて、それを自分の学びや人生に生かそうと思ってくれる学生に、講義を受けてほしいと思います。

わたしは学生を信じて知恵や知識を伝える、学生はわたしを信じてそれを受け止める。互いの信じる力が、学びをより深くするのです。

信用するとは託すこと

人を信じることはとても大切なことです。

ただ、自分を信じることと違って、信じた相手に裏切られる可能性があるので、そうすると心が不安定になってしまいます。

それでも人は誰かを信じたい、信じ合いたいと思うものです。

人を信じることの強烈さを描《えが》いた小説として、夏目漱石の『こころ』があります。学校の教科書に載っていたり、読書感想文の課題図書になったりしているので、皆さんもどこかで触れたことがあるでしょう。

『こころ』の主人公は、大学生の「私」。

「私」が鎌倉で出会った「先生」は、妻との二人暮らしで、毎月亡くなった友人の墓参りに行く以外、特に交友関係もありません。先生は自分のことを語ろうとしませんが、「私」

はそんな先生に惹かれていきます。

「私」が病気の父のために実家に戻っているときに、先生からの手紙が届き、すぐにそれが遺書だとわかりました。

遺書には、過去に親族から裏切りにあったこと、Kという友人とのこと、妻（下宿先の「お嬢さん」）との出会い、そして自分とKとお嬢さんの間に起こったことが綴られており、Kの自殺への罪悪感を告白する、という物語です。

「私」は先生のことを敬愛していますが、会うと、先生は突き放すような言い方をします。そして、「私」が「それほど不信用なんですか」と聞くと、先生はこう答えます。

「信用しないって、特にあなたを信用しないんじゃない。人間全体を信用しないんです」

（『こころ』夏目漱石　岩波文庫）

どんなに突き放されてもあきらめない「私」を見て、とうとう先生はこう言います。

「あなたは本当に真面目なんですか」と先生が念を押した。「私は過去の因果で、人を疑《うたぐ》りつけている。だから実はあなたも疑っている。しかしどうもあなただけは疑りたくない。あなたは疑るには余りに単純すぎるようだ。私は死ぬ前にたった一人で好《い》いから、他《ひと》を信用して死にたいと思っている。あなたはそのたった一人になれますか。なってくれますか。あなたははらの底から真面目ですか」

（『こころ』夏目漱石　岩波文庫）

誰のことも信用しない、自分のことすらも信用していない先生も、「たった一人」を信用して死にたいと思っていました。

それは、「私」が先生の過去を知りたいと本心から思い、それが先生に伝わったからなんですね。

先生の言う「信用して死にたい」とは、「託して死にたい」ということ。自分の秘めた過去、言えなかった「罪」を、唯一信じられる「私」に託すことでようやく人生を終えることができると思ったのです。

結局、先生からの遺書を受け取ることで、「私」は本懐を遂げることになるのですが、それは「私」の想像以上に過酷なものでした。

私はむしろ私の経験を私の生命《いのち》と共に葬《ほうむ》った方が好《い》いと思います。実際ここに貴方という一人の男が存在していないならば、私の過去はついに私の過去で、間接にも他人の知識にはならないで済んだでしょう。私は何千万といる日本人のうちで、ただ貴方だけに、私の過去を物語りたいのです。あなたは真面目《まじめ》だから。あなたは真面目に人生そのものから生きた教訓を得たいといったから。

私は暗い人世の影を遠慮なくあなたの頭の上に投げかけて上《あげ》ます。

（『こころ』夏目漱石　岩波文庫）

こんなことを書かれた遺書を受け取って、「私」は大丈夫だったのかと心配になるくらいです。

ですが、**人を信じるのはこれほどまでに重いもので、人から信じられるのはこれほどまでに覚悟が必要なことだ**というのが、先生の考えなのです。

究極の信じる力を知った気がします。

次世代に伝えたい

夏目漱石は、国民作家と呼ばれたほどの、明治を代表する文豪ですが、良き先生の一面も持っていました。

漱石の家には、教え子や若い作家たちがよく訪れて議論をしていて、それが定例化して「木曜会」という会になりました。

名前の通り、毎週木曜日に集まるのです。

文芸評論家で漱石の『三四郎』のモデルになったと言われている小宮豊隆、児童文学誌『赤い鳥』を創刊した鈴木三重吉、岩波書店創業者の岩波茂雄、『ノラや』などで知られる作家の内田百閒、物理学者の寺田寅彦などが参加していました。

当時の文学者たちは、侃侃諤諤《かんかんがくがく》の議論をたたかわせます。

おそらく、時間を気にすることなく続けられたことでしょう。

家族もたまったものではありませんが、そういう時代だったのかもしれません。

癇癪持ちで知られた漱石ですが、非常に面倒見がいいのです。

中勘助の子ども時代を描《えが》いた名作『銀の匙』は、漱石が評価したのがきっかけで世に出ることになりました。

また漱石は、若い彼らによく手紙を書いています。

代表的なのが、久米正雄と芥川龍之介に宛てて書いた手紙です。

二人とも「木曜会」のメンバーで、漱石に師事していました。

まだ若く、作家として駆け出しだった二人は、なかなか良い作品ができないことに悩んでいました。

そんな彼らに宛てて漱石が書いた手紙の一節です。


牛になる事はどうしても必要です。吾々はとかく馬になりたがるが、牛には中々なり切れないです。

（『漱石全集　第十七巻』夏目漱石　漱石全集刊行會）


早く成果を上げたいと思う気持ちはわかるけれど、文学はゆっくり時間をかけて取り組まなくてはならない、と言っているのです。

それを「馬」と「牛」の対比で説明しています。

若い彼らに教え諭すにあたって、ただのお説教として言うのではなく、馬と牛の例えでユーモアをもって伝えているのが漱石先生の良さですね。

そして、あせってはいけないと言い、次のように書いています。

根気づくでお出でなさい。世の中は根気の前に頭を下げる事を知つてゐますが、火花の前には一瞬の記憶しか與《あた》へて呉れません。

（『漱石全集　第十七巻』夏目漱石　漱石全集刊行會）

華やかな成功は一見良さそうに思うけれど、それは一瞬のこと。**根気強く、粘り強く、時間をかけて成し遂げたことは、皆から尊敬されるのだから、**と言うのです。

漱石の経験に基づくことばで、とても説得力があります。

漱石が「木曜会」を開いていたこと、弟子たちに手紙を書いたことで、漱石が直接得をしたことはないかもしれません。

では、何のためにやっていたか。漱石は、次世代の人たちを信じていて、彼らに託したいという思いが強かったからに他なりません。

能楽師の観世寿夫《かんぜひさお》さんが亡くなる前に書いた、『心より心に伝ふる花』というエッセイがあります。

観世寿夫さんは、世阿弥の芸を自ら体現したような優れた能楽師で、観阿弥から世阿弥、そして世阿弥から現代の自分たちが受け継いできた能の真髄を書いています。

「心より心に伝《つた》う花」というのが世阿弥のことばで、著書に『風姿花伝』があるように、世阿弥は「花」という表現をよく使いました。

その「花」とは何かを、観世さんが後進たちに伝えたい一心で書いたエッセイです。

わたしは観世さんの本を読んだときに、世阿弥がこんなふうに現代によみがえることがあるのだと衝撃を受けました。

それほどまでに、観世さんは世阿弥の芸、芸の魂を受け継いでいたのです。

そして、自分が受け継いだものを次世代に託したいと思ったのでしょう。

時代をつなぐのは、次世代を信じる力なのだと確信しました。

わたし自身、子ども向けの本を多く出版しています。日本語の美しさ、日本語の良さが、今の子どものやわらかい心に届けば、その子が大人になったときに、次の世代の子どもたちに伝えてくれるかもしれないという期待を持っています。

NHK Eテレの「にほんごであそぼ」という番組の総合指導もしていますが、これも番組を通して子どもたちに日本語の良さを伝えたいという思いで始めました。

自分よりも若い人たちに託すというのは、とても大切なことです。

イエスのことばも聖書があるからこそ、時代を越えて、世代を越えて、受け継がれています。

松明のように進むべき道を明るく照らし、その火を絶やさぬように次世代の人たちが受け取って、また次の世代に渡す。

きっと伝わると信じて渡していく、そのような信じる力を持ち続けたいと思います。

おわりに

この本を最後までお読みくださり、ありがとうございました。

「信じる」という普遍的な行為と、「祈る」という信仰を持つかたたちの行為を、地続きにとらえてみたいと思い、挑戦した一冊でした。


毎日を過ごす中で、ほんの一時《いっとき》でも「祈る」という静かな時間を持つのは、とても大事だと思います。

今はサウナが流行っていますが、目的が、慌ただしい日々の中で心と体を整えることだとすると、静かな時間を持つという点では近しいのではないでしょうか。

修道院で暮らすかたたちは、何時に何をするということが決まっています。

生活の習慣がきちんとあるため、揺れ動きやすい心をリセットすることができているのだと思います。

習慣の力も、この本で伝えたかったことの一つです。

わたしは10代のころからスポーツをやってきましたし、身体論を研究していることもあって、祈るという行為と体との関係を改めて考えることができたのも、いい機会になりました。

また、ことばが心に与える影響と体が心に与える影響の両面を研究してきたことが、祈りのことば、祈りの身体性に関連づけた考察につながったと思います。

この本が形になったのには、あるご縁がありました。

ふとしたきっかけで女子パウロ会のシスターとの交流が始まり、祈ること、信じることについてお話をする機会を幾度となく持ちました。

そして、ぜひ本にしましょうということで、出版に至った次第です。

この本によって、ご自身の中にある「信じる力」を実感していただけたら、出版した甲斐がありました。

世の中がどう移り変わろうと、信じる力があれば、心の中に安らかな場所を持っていられます。

皆さんが、穏やかで幸せな日々を送れることを願っています。

２０２５年１月　齋藤孝

齋藤 孝

（さいとう たかし）

1960 年静岡市生まれ。明治大学文学部教授。東京大学法学部卒。同大学大学院教育学研究科博士課程を経て現職。専門は、教育学、身体論、コミュニケーション論。『声に出して読みたい日本語』がシリーズ 260 万部のベストセラーとなり、日本語ブームをつくった。
著書に『声に出して読む 7 歳からの聖書』（女子パウロ会）、『読書力』『コミュニケーション力』『新しい学力』（岩波新書）、『声に出して読みたい新約聖書〈文語訳〉』『声に出して読みたい旧約聖書〈文語訳〉』（草思社）、『図解 自省録 人生を考え続ける力』（ウェッジ）、『おとな「学問のすすめ」』（筑摩書房）等多数。NHK Eテレ「にほんごであそぼ」出演・総合指導。著書累計発行部数は 1000 万部を超える。

信じる力

著　　者　齋藤　孝

編集協力　佐藤　恵

装　　丁　隈部康浩

発 行 所　女子パウロ会
代 表 者　松岡陽子
〒107-0052　東京都港区赤坂8-12-42
Tel. (03)3479-3943　Fax. (03)3479-3944
https://pauline.or.jp/

印 刷 所　精興社

初版発行　2025年3月25日

ISBN978-4-7896-0844-2　C0095　NDC914
Printed in Japan